王淑俐 著

人际关系与沟通

（增订第六版）

中国出版集团有限公司
世界图书出版公司
北京　广州　上海　西安

图书在版编目（CIP）数据

人际关系与沟通 / 王淑俐著. — 北京：世界图书出版有限公司北京分公司，2023.8
ISBN 978-7-5232-0494-8

Ⅰ. ①人… Ⅱ. ①王… Ⅲ. ①人际关系学 Ⅳ. ①C912.11

中国国家版本馆CIP数据核字（2023）第112550号

书　　名　人际关系与沟通
RENJI GUANXI YU GOUTONG

著　　者　王淑俐
责任编辑　罗明钢
责任校对　王　鑫
装帧设计　崔欣晔

出版发行　世界图书出版有限公司北京分公司
地　　址　北京市东城区朝内大街137号
邮　　编　100010
电　　话　010-64038355（发行）　64033507（总编室）
网　　址　http://www.wpcbj.com.cn
邮　　箱　wpcbjst@vip.163.com
销　　售　新华书店
印　　刷　三河市国英印务有限公司
开　　本　880mm × 1230mm　1/32
印　　张　8.75
字　　数　220千字
版　　次　2023年8月第1版
印　　次　2023年8月第1次印刷
版权登记　01-2020-2305
国际书号　ISBN 978-7-5232-0494-8
定　　价　39.00元

增订第六版序

对于沟通，你哪来的自信？

每次我担任面试官，问到应试者有关人际冲突或沟通协调的题目时，听他们说得“头头是道”，有时我不免怀疑“哪来的自信”？他真的了解及相信自己所说的话吗？

所以，在面试之后，有些主管会懊恼“选错了人”；因为面试得高分只是很会答题，未必真正“心口合一”“知行合一”。甚至在录取之后露出本来面目，对人冷漠、不喜欢与人打交道；陷入职场人际风暴时，想法及行动都转不了弯。这些沟通行为，不仅令主管及团队困扰，麻烦的是很不容易改变。

“人际关系”与“沟通”是一体两面，有良好的沟通行动，才能建立稳固的人际关系。但这一点都不简单，绝不是“我们要好好沟通”，就能依着一定轨道，让你我彼此了解而尽释前嫌、重归旧好。

“人际关系”与“沟通”不是理论，更不是理想（例如谈恋爱），而是经历生命的酸甜苦辣后，培养出来的好习惯。例如，实境节目《战斗医生》的主角李医生，不仅有绝佳的医术“妙手回春”，高超的沟通技巧更是她成功的重要原因。亲切的笑容、专注的眼神、轻松的身体姿态、热情的招呼、幽默风趣的措辞、甜蜜真诚的赞美，充分展现她的同理心，使病患的防卫心与焦虑感大大下降，与医师的距离及信任感却大大提升。动手术时，她会将程序事先告知，并在手术时持续与病患交谈，分散病患的注意力，降低病患对手术的恐惧。这些良好的沟通行为（语言及非语言），都是长期、自律才能养成的好习惯。

“良言一句三冬暖，恶语伤人六月寒”，要留意话语（文字）给人的冷、暖感受，以免不小心变成霸凌、歧视，不仅伤害对方的自尊，也会引起反作用力而伤及自己与其他无辜的人。宗教上常提醒大家不当的表达方式可能造成的恶果，如圣经说：“不轻易发怒的大有聪明，性情暴躁的大显愚妄。”但在近期奥斯卡颁奖典礼上，喜剧演员克里斯·洛克（Chris Rock）开了威尔·史密斯（Will Smith）妻子贾达（Jada）光头的玩笑，史密斯无法控制怒气而挥拳相向。虽有不少人支持史密斯，洛克也不打算起诉，似乎并未酿成什么灾难；但这样的场景若是发生于路边摊的平民百姓身上，恐怕对方会报以老拳反击，甚至聚众打架或是展开报复，造成两败俱伤甚至危及性命。

要养成沟通的好习惯，就要多观察自己的语言及非语言行为，并与周遭善于沟通者相比较。例如一件错误事件发生时，自己可能会说：“这不是我的问题，都是你的错，应该是她要负责。”善于沟通者却会说：“我也有错，我没有……”

在今日“网络”及“虚拟”时代，大家花大把时间在智能手机或计算机上，一整天不跟任何人接触就可完成所有工作，是否会怀疑“既然有电子邮件、微信等，还需要真实的接触与互动吗？顶多开个在线会议吧”？

人际关系也是如此，“少子化”时代，“孩子各个是宝”，若只有大人为小孩设想，小孩却未体会到大人的辛苦，长此以往，如何能理解别人不是你的父母，没有义务讨你欢喜呢？若父母采取“放任式教养”，也就是过于民主，纵容孩子依其意愿做决定时，在这种环境下成长，会不会很难接受别人的建议与批评？这样将难以“团队合作”，更不用说如果大家都有自己的行事标准——人人心中一把尺，又该如何相处与工作呢？

最后，深切地期望不是只在面试时才注重“人际关系”与“沟通”，要“说得到”也“做得到”，就得“踏实地”学这门功课。

学无止境、好学不辍的淑俐老师

2022年4月15日

初版自序

多年来在“人际沟通”这个领域我不断摸索与尝试，总觉得还像个小学生，什么都不懂，每天都得到新的启发。虽然自己在大学、研究所或教师进修机构开设不少“人际沟通”的课程，如：“说话艺术”“人际关系与沟通”“教育行政沟通专题研究”“冲突管理与协商技巧”“教学沟通”“情爱沟通”“两性关系与沟通”“口语表达训练”等。但“学然后知不足，教然后知困”，自己仍需不断地“教学相长”。

“沟通”这个领域不新鲜了，任何人都可以讲出一番道理；经过深究却发现，“沟通其实不简单”，稍不留心即可能“因小失大”，反之亦能“小兵立大功”。而今不论从个人的身心健康或工作效率来看，沟通能力都已不可或缺，非得提前“装备”、定期“维修”不可。

本书是为“人际关系与沟通”课堂授课而编写，也适合一般读者自修。期望大家都能好好培养沟通能力，懂得做人的道理，在家庭及工作上得到“贵人相助”，而不再“犯小人”。我觉得自己在“沟通”领域上不成熟，是因为从“年少轻狂”至今经历过各种人际关系，逐渐发现自己的幼稚与浅薄，也庆幸虽然“后知后觉”，但不算“没有长进”。

在“两性关系”上，“谈恋爱”时不要太勉强，不仅在学历、成长背景上要相当，各种观念更要兼容。打好地基，日后的婚姻才较为稳固。婚后仍需继续用心，增进彼此的了解及情感，不可掉以轻心。

在“婆媳关系”上，多半的事情不要放在心上，要沟通、要包容，不要压抑、耿耿于怀。公婆的某些意见、观点，要予以尊重（不一定要完全听从），不必争对错输赢；对公婆的孝敬心意（金钱、物质）不要斤斤计较，更应重视其象征意义（指对公婆的尊重与情感）。若三代同堂，则夫妻所期望的生活方式及管教子女的原则，应及早、委婉地与公婆讲清楚，以免日后“难做人”。

在“亲子关系”上，为人父母必须“多付出”，对子女的照顾要足够。不可偷懒、小气，否则子女日后会以各种方式“加倍”向你追讨。唯有开始时“不厌其烦”，才能教出好孩子。千万不可放纵、姑息，日后为学校、社会制造更大问题。“养不教，父之过”，是千真万确的道理。

在“工作关系”上，要带领同事为共同的目标而努力，需要“宽严并济”。太宽则恰好符合人性“好逸恶劳”的弱点，会愈来愈带不动；太严又使人喘不过气来，也会抑制潜能的表现。“民主式的领导”只提示重点，让大家多参与，是比较恰当的方式。

在“师生关系”上，对于学生的关爱要合乎理性，不可溺爱。教师确实比父母更有“权力”把孩子教好，也较父母客观，不会那么容易生气、伤心。所以教师要肯定自我价值，发挥教育功能。

总之，沟通真不是件容易的事，如果能保持虚心好学的态度，就能不断自我改进、日新又新，“赢得”幸福的人生。反之，自大高傲、不进则退，到头来受到折磨的还是自己！

王淑俐

于世新大学教育学程中心

2000年9月5日

目 录

第一章
人际关系的概念

第一节　人际关系的意义与不可替代性

第二节　自我概念与人际关系的交互作用

一个人回房间苦读已经不流行了！大家开读书会，取长补短，一起通过考试吧！
宿舍交谊厅已经预约好啰！

● 人际金言 ●

人际关系是最难写的一篇文章；事事要无我、无执，方可好好做下去。（证严法师，《静思语》）

为什么说“人际关系是最难写的一篇文章”？这里当然不是指“作文”，而是“做人”。尤其年少轻狂、血气方刚时，“人不痴狂枉少年”，不能判断何谓“会做人”或“不会做人”。很难体会“内方外圆”或“以柔克刚”。

为什么“事事要无我、无执，方可好好做下去”？一般人容易以自我为中心、自以为是，要真正做到不固执己见、不唯我独尊很不容易。从《论语》中可知，孔子能够事事反求诸己、无我无私（子绝四：毋意，毋必，毋固，毋我。《论语·子罕第九》）。但平凡的我们却常“五十步笑百步”，批评别人“愚蠢”“顽固”“自私”“自大”，却看不见自己可能更加无理取闹、不尊重人。

人生各个阶段会与不同的人产生关系，“这些人”在生命中占有何种地位？除了被动接受之外，要如何“惜缘”，与他们建立良好、持久的关系？另外，“害人之心不可有，防人之心不可无”，与人相处时如何保护自己、不受伤害？如何预防碰到“诈骗集团”或爱情骗子，无法及时脱身，甚至损失惨重？

作家刘墉对社会百态观察入微，以擅长“说故事”的方式引导读者了解人性或人际关系的“真相”（黑暗面）。他写了《我不是教你诈》系列畅销书，但他担心造成“误导”，使人“过度防卫”，所以在书的《前言》里说：“我的读者，有一半是青少年，这本赤裸裸分析人性的书，会不会太辣了呢？会不会让还在念书的孩子，对未来的社会心生恐惧？”刘墉认为，完整的书名应该是《我不是教你诈，是教你看清世事》。

年轻朋友不论成长过程受到多少呵护，终究要独立。社会不是“无菌室”，唯有增强自己的免疫力、抵抗力，看清世事的“险恶”“丑陋”，才能避免掉入陷阱，也就是“不要傻到被卖了，还帮人数钞票”。积极地，还能“见不贤而内自省”，不做“损人不利己”的事。能成为止息谣言的智者，或看透人情冷暖的笑弥勒。这份“澄清”“沉淀”的工作，若不能逐渐或顺利完成，会因过于担心别人“使诈”“霸凌”，而对人际关系感到消极、不安。

网络的发达使社会充斥“八卦”“绯闻”“黑函”等，有些人不负责地说出未经求证、哗众取宠的话，因为不少人爱听这种不实却耸动的小道消息，构成不正常的“供需关系”。人际关系沦为互揭疮疤、批评谩骂的恶性循环，很难互相欣赏、体谅合作。

其实“世事人情”不尽如此负面，有时只是一份人性、一番感受、一项事实、一种立场，无所谓好坏、对错，只是看事情的角度不同而已。但从道德或价值面来看，还是希望能多发挥人性光明面，培养公德心，懂得感恩图报，能够敬老尊贤，愿意扶助弱小，社会才能成为一个“美丽新世界”。孩童时我们受人关怀、照顾，有能力之后就要反馈社会与为人付出。

第一节
人际关系的意义与不可替代性

小牛、小马、小鸡、小狗比人类“独立”得早，出生不久就能站、能走；就算小鸟“学飞”需要一些时间，仍比人类更早“翅膀长硬”而离巢。人类独特的“体质”——发展期很长，必须“依赖”他人的帮助。因此人类天生就有人际关系的需求与本能，如：小宝宝知道展露天真可爱的笑容，“讨好”照顾他的人，让父母或亲人心甘情愿地为他付出。小宝宝知道躲避或放声大哭，以“警告”他害怕的人，使他们不要靠近或“呼叫”亲人来保护他。

即使小动物的“独立”时间比较早，实质及情感上仍需要与照顾它的“长者”维持良好关系，如：紧紧跟随“母亲”，喜欢“母亲”的抚触，常常与“母亲”窝在一起。著名的童话故事《丑小鸭》，即以拟人化手法描述动物界幼儿渴望母爱及家人接纳的“心情”。这种“人际关系”——温暖、亲密、安全感的需要，在美国心理学家赫楼（H. F. Harlow）对赤毛猴的实验中，充分得到证明。出生不久的小猴，对“母亲”的需要不仅是奶水哺喂的饱足感，更是心理上与所爱相依相偎的安全感。实验发现，小猴除了肚子饿时会走向供应奶水的铁丝母猴外，其余时间大都窝在没有供应奶水，但柔软的绒布母猴身上。尤其是受到惊吓时，更是紧抱着绒布母猴。实验故意将绒布母猴移除，小猴立即惊慌失措，看来十分可怜。人类不也是如此吗？“世上只有妈妈好，有妈的孩子像个宝，没妈的孩子像根草。”

一、人际关系的意义

人类最早的人际关系，是与“母亲”的相处。不少研究发现，即使未出世的胎儿，也能感受母亲对他的情感。“健全的”亲子关系是妈妈对新生儿充满期待，小心翼翼地保护他，避免不良的身心状态伤害到胎儿的发育。孩子出生后，不论再“丑”（皮肤皱皱的、全身红通通的、哭起来嘴巴好大），母亲第一眼就能爱上自己的宝宝，产生强烈的“母子结合”。别人的宝宝再怎么白胖、高壮，“比较”之后还是觉得自己的儿女最可爱。

图1-1 亲子间良好的依恋关系，能孕育出人际关系中最基本的信赖感。（图片来源：ShutterStock）

最早的“人际关系”即指这种从怀胎至出世，胎儿和母亲接触、仰赖母亲照顾的联结。不仅是生理的需求，更是心理的满足。以艾瑞克森（M. H. Erikson）提出的“心理社会发展论”（Psychosocial Theory of Development）来说，婴儿的生理及心理需求都得到满足，与母亲的

“依附”（attachment）良好，才能孕育出人际关系中最基本的“信赖感”。反之，若缺乏母爱，人格发展也会产生障碍。“母爱”即是婴幼儿感到安全、快乐的各种表现，如：慈爱的眼神与微笑、温暖的拥抱与轻抚、轻柔的声音与口吻等。其实，不仅婴幼儿喜欢这种爱的表示，所有人都期望这种“爱的交流”。上天巧妙安排婴幼儿拥有可爱的脸庞、稚嫩的声音，两个月大就能展现“迷人”的笑容，就是为了吸引“母亲”，使其愿意照顾他。我们若能效法婴儿，多多展现“可爱”与“迷人”之处，应该也能拥有持久及双赢的人际关系。

“母子连心”是人类存活的重要支柱，心理学称为“依附关系”（attachment relationship，或译为“依恋关系”）。依附关系的完成至少需要三年，幼儿在“爱”与“安全感”的需求均获得满足后，才进入依附关系的协调期。与父母分开久一点或进入幼儿园后，才不会产生“分离焦虑”（怕母亲把他丢在幼儿园“一去不回”），与父母之外的其他人接触时也不会害怕（已建立对他人的基本信赖）。反之，小孩出生的头三年，亲子间若未能持续且亲密地接触，幼儿对“爱”与“安全感”的需求得不到满足，就会显得不安、恐慌、胆怯、郁闷（又称为“母爱剥夺症”），对日后建立自信及对人的信任，都会遭遇困难。会误以为自己是没有价值的，所以才不受父母重视。自认是个失败者，进而影响将来的学业及事业。长时间托给别人照顾的婴幼儿，因父母常不在身边或突然消失，也较难信任父母，进而“迁移”到不太能信任他人，成年后也较“注意”人性险恶、狡诈的一面，无法与人合作及建立和乐、亲密、持续的关系。如同人本心理学者马斯洛（A. H. Maslow）的发现。

> 所谓心理病态的人格，乃是永远丧失爱的需求的另一例证。

根据所获得的最好的数据来看，正是这些人在他们生命的最初数个月中，就已经缺乏爱，因而几乎永远丧失了给予和接受感情的愿望和能力。（Maslow，1990）

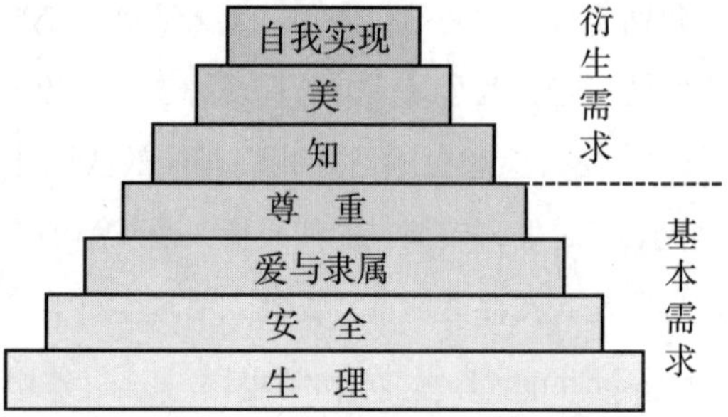

图1-2 马斯洛“需求层次论”

从马斯洛的“需求层次论”（Hierarchy of Needs Theory）来看，较低层次的需求得到满足，才向上追求较高层次的需求。但有些人在较低的需求尚未满足时，仍可跳跃到较高层次需求的追求。对于这个部分，马斯洛说：

有些人似乎把自尊看成比爱更为重要，……常是由于有了这样的想法：为人所爱的人多半是坚持有力的人，是引起别人尊敬感或畏惧心的人，也是富有自信或积极进取的人。……他们想突出自己，那是为了求爱，而不是为了自尊。（Maslow，1990）

看到这段文字，是否也让你心头一惊？原来我们这么“打拼”，一心想表现自己、提高自尊，竟然是因为缺乏爱、渴望爱。

二、人际关系的重要

当我们看到人际关系的负面现象，如：父母不关心子女、手足间过于计较、老师不公正、同事间勾心斗角、有些人过于现实、“人善被人欺”等，该怎么办？其实，与其说“别人不好”而使人际关系产生困难，不如说因为过度的“自我保护”。既然人际关系是“我”与“别人”的关联，为何有问题、应该改变的永远是别人，自己就毫无过错、不需负些责任？人际关系不可能“永远”圆满、顺利，难免有摩擦或意见不一致，所以正确的想法应是：人际关系是中性的，无所谓好、坏；当我们进入不同的环境，扮演相对应的角色，与形形色色的人相处，即会产生各式各样的人际问题。这些人与我们一起工作、生活，难免会相互影响；为了避免负面影响，就要留心不可轻率破坏人际关系。为了加强彼此的正面影响，就应积极维系、建立、拓展及增进人际关系。

对于人际关系，为什么要持有积极、正面的态度？因为，“人际关系”具有下列三项重要功能。

（一）增加生存机会

人类的特性之一是“独立”较晚、发展期特别长，在出生的头几年若没有他人悉心的照顾，就无法生存。成年前也有将近二十年的漫长岁月，需要别人的保护与指引，才得以避开危险、平安生活。所以亲子关系、师生关系或与其他长辈的相处，对于茁壮成长就非常重要。成年后虽能独立自主，但面临特殊状况，如：生病、失业、贫穷、老迈或其他天灾人祸，仍需依赖医疗人员、社工人员或其他团体的扶助。俗话说得好：“在家靠父母，出外靠朋友。”人与人之间其实关系十分紧密，随时需要他人的帮助，同时也要帮助他人。

（二）满足情感需求

人类是群居动物，不仅身体上要与人相互依存，心理上也需要别人的情感慰藉。所谓“有福同享，有难同当”，“快乐因分享而加倍，痛苦因分担而减半”。人类的苦乐感受，若不能与人交流，就会觉得快乐不起来或更加痛苦。一旦有人愿意倾听，“社会支持系统”（social support system）足够，任何问题都较容易得到解决。所谓“助人为快乐之本”，我们关心他人，为他人付出、奉献，自己也能得到莫大的幸福与满足感，如：父母照顾子女、男女间的情爱、敬业、担任义工等。

（三）促进工作成效

现代社会讲究“专业分工”，多数工作都需要团队合作、集思广益。所谓“三个臭皮匠，胜过一个诸葛亮”，团队的思考会更为周全；各自发挥所长也更为轻松、快速，成效更显著。反之，人际间若不能沟通协调，即会增添许多无形的阻力，要花费更多时间沟通，彼此的工作也会相互抵制，成效会相互抵消。“和为贵”“人和”是工作成功的要素之一。

总之，人际关系是生存的必备条件。我们都希望拥有温暖的家、慈爱的父母、互助的手足、友善的同学、最佳的工作搭档、理想的伴侣；梦想能否成真，主要看你如何经营人际关系！

第二节
自我概念与人际关系的交互作用

常听人说“做人要有原则”“士可杀不可辱”。“原则”是什么？为何要“宁死不屈”？“原则”是个人“择善固执”的坚持，但滥用则可能破坏人际关系。要完全抛开“我的感觉”“我的意见”很难，只要能做到不独断专行就算达到基本门槛。

图1-3 梵高（Vincent Van Gogh）自画像。如果你为自己画一幅画像，画中的“我”又会如何？（图片来源：ShutterStock）

“我”是最接近自己却也最遥远，最熟悉却也最陌生，最友善却也最可恨的综合体。谁都逃脱不了“我”的掌握，要好好了解“我”，宽容“我”，鼓励“我”，才能使自己过得更好。处理不了“我”，即会迁怒于人；对“我”不满意，就可能挑剔、攻击别人（投射心理）。所以一个人不喜欢别人，背后的原因可能是讨厌自己。由此可见“我”在人际关系中的“必要性”。但，“我”是什么？“我”又如何影响人际关系？

一、自我概念的意义

对于“我”的科学研究，较早且深刻的来自19世纪末美国心理学建立者詹姆斯（W. James）。他说：“自我是自己所知觉、感受与思想为一个人者。”他认为自我的客体包括三部分：（1）物质我（the material me），指个人的身体、衣物、财产；（2）社会我（the social me），指个人的社会地位、声望；（3）精神我（the spiritual me），指个人的心理倾向、理想、志趣。之后经过人本心理学派（Humanistic Psychology）的大量研究，奠定“自我心理学”的学术地位，确立“自我”的结构包括躯体我（corporeal self）、社会我（social self）及心理我（psychological self）三部分。

（一）躯体我

指一个人的身体，包括外在长相、身材及内在器官、功能（感觉）。这个躯体是“我”所独有，故对其特别亲切（看照片时一定先“找寻”自己），也有一份责任感（希望自己更美好、更健康）。

（二）社会我

指一个人的社会身份，是不同团体中拥有或被赋予的角色。各个角色如何扮演得恰如其分，并与个人的其他角色和平共存？就是一个人是否有成就感，或产生角色冲突、矛盾的缘由。

（三）心理我

指一个人的心灵，包括信念、理想、态度、价值观、人生观等。这些精神素质能丰富生命，引领人生方向；反之，也能使人误入歧途、害人害己。

三种“我”当中，与人际关系最为密切的是“社会我”，反映在下列两部分。

（一）“镜中自我”（looking glass-self）

这是美国社会学家柯莱（C. H. Cooley）提出的概念，意指“自我观念”透过与人交往、设想他人对自己的观感而形成，也就是站在别人的观点来看自己。这种“猜想”通常不客观，多半是自己主观心态的反射。其实别人怎么看我们，“真相”常不似“表相”那么简单；因为人性的弱点为“忠言逆耳”，“不愿”接受别人的“真心话”，所以别人对我们可能就有所掩饰与隐瞒。

（二）社会认同（social identity）

社会认同是指人类的社会行为受到他人行为和当代社会标准所影响，而有不同的表现。我们免不了“为别人而活”，例如：在某些社交活动中，为了礼貌及赢得赞赏而装扮自己、表现适当的言行举止。若不是为了“沽名钓誉”而能“利己利人”，这样的努力仍有其价值。例如：工作时的装扮，代表敬业及尊重客户。否则，成天戴着“假面具”过日子，表里不一的结果，即会迷失自我。

图1-4　一味以他人观点评价自己，并非健康的自我概念。（图片来源：ShutterStock）

另外，“自己认为的我”和“别人眼中的我”（“镜中自我”），可能有些差距。自以为幽默、温和、聪明，别人却认为你严肃、不好沟通、顽固。这之间的差距愈大，自我的矛盾及人际相处就愈加困难。

健康的自我概念是指能以客观、乐观的态度看待自己。

（一）客观的自我认识

1. 自知之明：对自己的优缺点有客观的了解与评判，不低估自我价值，也不狂妄自大或自我膨胀。

2. 自我认同：明白自己是怎样的人，或期望自己成为怎样的人。有自我的定见，不因别人的褒贬而动摇自信。

（二）乐观的自我肯定

1. 自我接纳：对自己有较多正面评价而喜欢自己，即使知道自己有缺陷也能泰然处之。不会夸大自己的缺点或觉得社会对自己不公平，因而不安、不满。

2. 自我尊重：能体认及珍惜自我价值，努力发挥自我特长以服务、贡献社会，并因此感到快乐。

3. 自我开放：愿意自我坦白，以开放的心灵接受别人的经验与建议。不因紧张或害怕他人攻击（包括言语），而过度自我防卫。

二、自我认识与人际关系

一个人对自己的认识与评价，会影响到人际关系。如心理学家柏恩（E. Berne）的“人际交流分析”（Transactional Analysis）理论提到，小时候与父母的亲子关系好坏，会形成四种不同的生活态度：

（一）我不好，你好（I'm not O.K.，You're O.K.）

这类人太强调自己的缺点、过于低估自己，以致产生“我不如人”的自卑心理，也就是缺乏自信心。面对别人时较为退缩、畏怯、压抑，容易受人影响甚至被人摆布。过度期待别人的赞美与安抚，像个没长大的小孩，过于依赖他人。得不到他人扶持时，就会变得自暴自弃。

（二）我不好，你也不好（I'm not O.K.，You're not O.K.）

成长过程中得不到“照顾者”（尤其是父母）足够的关怀与抚触，因失望而降低自我价值，并且排斥及怨恨别人。这里的别人本来只有照顾者，但逐渐扩及其他不相关的人。使自己变得像个复仇者，容易情绪爆发甚至攻击别人。不容易喜欢别人，常觉得别人在找他麻烦。

（三）我好，你不好（I'm O.K.，You're not O.K.）

这类生活态度最为麻烦，容易违规却不能自我反省，总认为“一切都是别人的错”。形成这种态度的成长背景，主要为儿童时期长期受虐、被忽视，为了自我保护（包含独自疗伤）而“夸大”自我价值，甚至扭曲了“坚强”的意义，以为不仅是“自我安抚”，还包括反击，甚至比他们暴力型的父母更加残忍。由于心中充满怨恨，因此不懂得爱人，也不相信真爱的存在。即使别人对他付出真心，也无法感受“被爱”，更不会回报对方。

（四）我好，你好（I'm O.K.，You're O.K.）

早年的成长过程中，因父母充分照顾而感受到自己的价值（是无价之宝），能建立自信及对人的信任。之后即使发现自己有缺点，仍会喜欢自己，相信自己是好的；同时也会喜欢别人，觉得别人也很不错。这是最理想的生活态度。

借由自己目前的状况，如：是否对人信赖，是否充满自信，是否清楚人生方向，是否积极进取，即可推知年幼时的亲子关系。若不太圆满，则更要自我鼓励，日后做得比父母更好。同时也要学习“放下”，谅解父母当年的“不完美”。

精神分析学派学者艾瑞克森将人生分为八个阶段，最前面的三阶段（六岁以前）更为重要。若与父母关系良好（即父母用心照顾及鼓励子女），则自我形象及人际关系较佳；反之，则易产生自卑感，不能信任甚至怨恨他人。如下表所示：

表1-1 艾瑞克森“心理社会发展阶段论”前三阶段

阶段年龄	顺利发展的结果	障碍发展的结果
出生—1岁	对人信赖，有安全感，有生命驱力。	与人交往焦虑不安，缺乏生命希望。
1岁—3岁	能自我控制，有意志力，行动有信心。	行动畏首畏尾，自我怀疑。
3岁—6岁	能独立进取，行为有目的、有方向。	行为畏惧退缩，无自我价值观。

资料来源：郭静晃等，《心理学》，扬智，第84页。

三、外表与人际关系

一般人认为外表条件较好，较容易赢得别人的好感，在人际关系、工作协调方面较为顺利、成功。从社会心理学的研究发现，这是“刻板印象”（stereotyping），是错误的社会判断，禁不起事实考验。的确，人性天生喜欢美好的事物，对外表美好的人，会产生欢喜之心，进而形成“月晕效应”（halo effect），以为他的其余部分如态度、能力、品德等，也跟外表一样美好。这种“效应”普遍存在于童话故事、浪漫小说当中。迪士尼公司有许多以“美”为名的动画，如《小美人鱼》《美女与野兽》《睡美人》，仿佛外表美好即具有善良的心及高尚的行为。其他如《白雪公主》《灰姑娘》《风中奇缘》等，男女主角的外表也都十分完美，彼此容易因外表吸引进而相爱相惜。广告中大量运用此种没有确切证据的观点，鼓励人们展现“身体魅力”，以获得爱情及事业的成功。

反之，外表条件不佳者，常被有意无意“烙印”（stigma）成失败及被排斥的印象（Weber，1995）。这种“偏见”造成的社会压力，让外表不好的人缺乏自信，不知如何展现自己的优点来吸引别人。幸好仍有不少“典范人物”能突破偏见，因为自我肯定进而受人欢迎。如：

> “红面棋王”周俊勋出生时脸上有大半边的红色胎记，使他的成长之路格外艰辛。五岁上幼儿园的第一天，小朋友就笑他：“鬼来了，鬼来了！”他不肯再上学，父母只好让他留在家里。七岁开始，爸爸亲自教他下围棋，九岁时第一次拿到冠军，妈妈拿着冠军奖杯和俊勋的小学校长说：“我们要下棋，不念书了，

我自己来教！”俊勋就休学了。他十四岁拿到职业棋士的身份，二十岁以后几乎打遍天下无敌手，二十八岁获得台湾棋士首座世界冠军。

俊勋的三个姐姐及弟弟都很会读书，分别读“台大”、“成大”、“清大”和“政大”，但周妈妈说，会读书的去读书，会下棋的去下棋。在围棋的世界中，俊勋才能忘掉别人叫他“黑白郎君”“阴阳脸”“魔鬼”。妈妈常用戈尔巴乔夫的例子鼓励俊勋摆脱自卑，她说：“戈尔巴乔夫额上一小块胎记就当总统，你的那么大块，一定会当世界棋王。”

他的故事《红面小棋王》被写入小学语文课本，看着周俊勋长大的前“清大”校长沈君山说，因为“红面”，周俊勋的学棋之路特别坎坷，却也因此特别专心、踏实，一步步走出自己的路。沈君山认为：“胎记，是上帝给周俊勋的祝福。”（陈宛茜，《联合报》，2007年3月23日）如今，周俊勋不再因胎记而影响心情，甚至自我打趣地说，很多女生喜欢他现在的样子！2007年与大他14岁的经纪人郑淑卿结婚，婚后育有一子，目前仍持续参赛及获奖（周俊勋，2015）。

周俊勋以“社会我”的成就来肯定自己，补偿“躯体我”的缺陷。当他心中没有阴影，别人与他相处时也没有负担，不用担心“友善”被误解为“同情”，不再紧张说错话会刺伤他的自尊。

不要自我局限在社会偏见中，不见得非得是美女、俊男或公主、王子，才能拥有幸福的人生。王子公主们也别以为其他人“理所当然”应该重视与配合你，这样只会惹人讨厌、交不到知心朋友。外表较佳者即使获得较多瞩目，也不应狂妄自大、到处要人崇拜，或要人怜爱与争先。

网络交友诈骗事件中，很多因迷信“外表”才会受骗上当。例如有些女子在网络上“冒用”其他美女照片，吸引想与她见面及交往的男子（受骗的不乏高学历者）。“女主角”以种种理由借钱，待“东窗事发”或男子看到女主角“本尊”时才大呼上当，痛骂“女主角”骗人。然而扪心自问，受骗的真正原因是自己美色当前而丧失理智，怎能责怪他人？另外，年轻人喜欢上网聊天、交友，也要理智面对下列真相：

1. 对方的身份，真如他（她）在网络上“展示”的吗？

2. 你是否迷信“外表”，以致忽略其他重要“信息”？你是否在“幻想”（虚拟）的人际关系（含两性关系）当中“独白”？

“知人知面不知心”，交友贵在“交心”，应从多方面认识及选择。同样地，我们也应多认识自己，不必单以外表来自我评断。“躯体我”只是自我的一部分，要小心维护它的健康及光彩，但不必夸大它的功能。尤其在人际相处上，心理学研究证明：外貌普通或中等的人，会更努力展现其他长处来吸引别人，对别人也较有影响力，所以更满意自己的社交情况。但外表具有吸引力的人，反而容易遭到人际排斥，因为：

1. 外表较有吸引力的人，其实较不受欢迎。因为他们使人产生憎恨、忌妒、羡慕等情绪，甚至被归类为爱慕虚荣、物质主义、没有同情心。反之，外表较少吸引力的人，较易令人接纳，不会使人产生防卫感。

2. 外表具有吸引力者，不见得具有高自尊。因为他们得到的赞美太多，反而怀疑“人们只是在乎我的外表，并不在乎我做了些什么”。反之，外表较少吸引力的人，就会设法表现良好，以赢得别人的赞美（Hamachek，1998）。

问题与思考

1. 从小至今，人际关系中影响自己最多的通常是父母，请说出他们对你的三项正、负面影响。

2. 对于人际关系的发展或结果，下列观点或做法何者为是？何者为非？（参考答案及解析，见本书附录）

（　）（1）有些妈妈将婴儿丢弃或送别人领养，是因为她们“天生”不爱孩子。

（　）（2）在孤儿院长大或被领养的孩子，较无法信任别人。

（　）（3）外表较佳的人，人际关系通常较好。

（　）（4）对于过度自卑或自大的人，要特别小心，别伤到他们的自尊心。

案例讨论

◆案例一

校庆活动后，小钰看到有人在班级微信群中批评她，说她这个班长“领导无方”。小钰觉得委屈及没面子，立即回文辩驳。

有些同学跟着加入微信留言，但不是声援小钰，而是同意原本的批评。这让小钰更加愤怒，觉得同学实在无情（当中还有她的好朋友）。

如果你是小钰，看到微信群里的批评会怎么做？再看到其他同学的留言，会怎么做？

◆案例二

阿彦过于内向、退缩，除了个性使然，更可能由于长相与身材。他瘦小、皮肤苍白，加上有些龅牙，即使只是龅牙受到批评，都令阿彦难受，何况大家还常笑他胆小如鼠。但因为不管大家怎么说他，阿彦都不会反抗，于是同学对阿彦的态度及措辞就更随便。阿彦表面上不说什么，内心其实很痛苦，他恨死同学了。如果你是阿彦，会怎么做？

第二章

为什么人缘不好？影响人际关系的因素分析

第一节　个人特质

第二节　表达能力与方式

第三节　生活环境与经验

第四节　立场与观念差异

为什么她的人缘这么好？
生日总是这么多人帮她庆祝……
因为她很关心别人啊！有困难时她都会伸出援手呢！

● 人际金言 ●

对长辈谦虚是本分，对平辈谦虚是和善，对晚辈谦虚是高贵，对所有人谦虚是安全。（亚里士多德）

这段相当有智慧的话，是我听一位退休校长说的。他当校长时从不摆架子或倚老卖老，经常承认自己不懂而“不耻下问”，也不怕年轻人笑他LKK（意思是观念保守的老人家）。所以他能“活到老，学到老”，充满活力与智慧，一直赢得大家的敬爱。

先哲提醒我们：“满招损，谦受益。”道家始祖老子也说：“我有三宝，持而保之。一曰慈，二曰俭，三曰不敢为天下先。”老子尤其重视第三宝“不敢为天下先”，也就是谦让。若不懂“谦让”，会因“自满”而变得“不长进”，终将失败且惹人厌。老子说：

> 自见者不明，自是者不彰，自伐者无功，自矜者不长。（《道德经》第二十四章）

可惜人性的弱点是稍有成就即自我炫耀，常过度夸大自己的长处，在社会心理学有个逗趣的学术名词叫作“自我侍奉”（self-serving），明朝理学大师王阳明也说：“人生大病，只是一‘傲’字。”（《传习录》）

人缘好或不好，不全靠先天条件（如长相、聪明才智）或家世背景。因为优点往往会成为阻力，缺陷反而是助力。从心理学或社会心理学的研究发现，建立第一印象时“外表”确有优势；但更多认识之后，个人特质如声音、性格、能力等，才是形成良好印象的关键。因此，若自恃外表条件而有优越感，不由自主地表现出自傲、自大，只会让人觉得肤浅，而且“树大招风”，这是具有良好外貌的人须自我警惕的地方。反之，虽然相貌平庸、天资驽钝、家境贫困，但只要有自知之明，能自我肯定，反而更能建立良好形象。条件较差的人，较能战战兢兢、爱惜羽毛，不会被成功、赞誉冲昏了头。

我们都希望受人欢迎，但未必能“心想事成”。若与人相处不睦、难以合作，要如何对症下药、斩断病根？以下即从影响人际关系的内外在因素来解析。内在因素是指个人特质、表达能力与方式；外在因素是指不同的成长环境与经验，以及个人立场与观念的差异。

第一节 个人特质

个人特质是个人独有，分为“外表 / 生理”及“内涵 / 心理”两部分。外在特质如外表、声音、情绪反应，内在特质如个性、情绪表现（EQ）等，哪些对于人际关系的影响更显著及持久呢？

一、外在特质与人际关系

外在特质除了天生、遗传的部分，还有经验或学习所形成的态度、声音、情绪状态等。

（一）外表与态度

外表不仅是天生的长相、体型，也包括后天学来的表情、仪态、穿着等。建立第一印象时，我们容易依外在特质，决定某人是否具有吸引力。但进一步交往则可能发现，有些外表具吸引力的人，因态度高傲、冷漠、吝于展现笑容，反而使人不喜欢接近。而原本不起眼甚至外表有缺陷的人，因性格开朗、待人亲切、笑容可掬，更令人想要亲近。所以外表的好坏与人际关系没有绝对的关联，性格及态度才是好人缘的关键。当选台湾十大杰出青年、警察广播电台“刘铭李燕时间”的节目主持人刘铭，就是最好的例子。

刘铭三岁时发烧到四十一摄氏度导致小儿麻痹，双脚无法行走，长年坐轮椅致使脊椎侧弯，连翻身都做不到。九岁那年，爸妈为了让他同时读书及复健，把他送到“福德广慈博爱院”，时间长达十三年。当年他觉得自己很不幸，现在反倒认为是幸运，否则如何能学会独立自主。

在太太陈淑华眼里，刘铭“豁达博学而善体人意，不但没有一般残障朋友给人的压迫感，并且处处散发独特的男人魅力，尤其有女人缘。……他在校期间（松山商职）很活跃，还创办学校第一个口琴社，身边总是有漂亮的女生”。她说：“我们虽然外表不相称，但内心契合，让我们生活得很满足，而且来生我还要嫁给他，永不分离。”

看到这样“爱的表白”，四肢健全的人是否觉得羡慕与惭愧？以刘铭这种坐轮椅、需要仰赖别人照顾的重度残障者，都能开放心胸、走向人群，帮助自己及残障者实现许多人达不到的梦想，我们是否也应鼓起勇气？例如：组成“广青”合唱团（均为残障朋友），巡回全省甚至远渡重洋表演。为了鼓励残障者不自我封闭，每年向社会募款，实现他们出去看世界的梦想。已去过美、加、欧洲及澳洲等地，到加拿大时，大家正赞叹哥伦比亚大冰河的辽阔景象，对眼前湿滑的路面感到犹豫不决，刘铭一句“勇于突破自己”，让他们互相扶持地稳稳站在冰原上，没有一个人跌倒，大家感动得相拥而泣。

2004年，刘铭成立一个跨越多重障碍的表演团体——“混障综艺团”，演出者都是身障人士，演出形式包括歌唱、乐团、哑剧、轮标舞和特技等，让观众看到他们乐观开朗的正面态度。每年能有一百多场表演，团员中有三位（刘铭、刘丽红和郭韦齐）获得十大杰出青年奖。

刘铭的工作比一般人多，主持节目、出书、演讲、带团表演，得到的奖项及喝彩也很多，如：广播金钟奖、莒光杯歌唱比赛冠军、金毅奖、社教有功人员奖等。刘铭虽有严重的生理缺陷，但他不受外在所限，充分发挥性格及态度的优势——坚强、乐观、勇敢、真诚、有内涵、自我突破等，终于赢得大家的尊敬与喜爱，娶到来生还愿相守的好妻子，生下迷人的女儿“亮亮”。

不少人迷信“天生丽质”的力量，因“貌不如人”而自卑，以致畏畏缩缩，丧失营造形象与展现魅力的时机。不管外在条件好或坏，如果面无表情、冷若冰霜、穿着随便、高傲自大，就无法使人产生好感。若能时时面带笑容、穿着得体、举止大方、开朗幽默、热心诚恳，一定能赢得友谊、受人欢迎、事业成功。

图2-1　刘铭与爱妻爱女同游伦敦。亮亮目前在英国留学。

（二）声音与表达

音色虽是天生特质，但如何运用而充分表情达意，就有赖后天的练习。什么样的声音悦耳动听？如：清脆嘹亮、亲切热忱、轻柔温和、充满关怀、精神饱满、随和轻松。反之，有气无力、僵硬紧绷（语气很冲）、粗声粗气、冷漠敷衍（不耐烦）、严肃苛求（教训的口吻）、嘲弄讥讽（轻视的口吻）等，则会令人反感。

音色固然无法改变，但怎么运用声音使表达更好，却可以大幅改善。如何觉察自己的声音质量与优缺？如何使说话的音色悦耳、音量足够、语速适切、音调抑扬顿挫？如何保护声带？要使声音质量更上一层楼，可以参加演讲、辩论、播音、主持等专业社团或课程，有系统地训练发声方式。

（三）情绪反应与控制

情绪表现不当会影响人际关系，如：易怒、怨恨、嫉妒、厌恶等。经常情绪失控，极易引发人际冲突。

因情绪宣泄而骂人甚至打人，易使自己形象受损、别人身心受创，没有人愿意或喜欢接近你。容易悲观、抱怨的人，也让人不乐于与你相处，因为一直感到被泼冷水，得不到一点激励。所以要注意自己的情绪反应，不要沉溺在负面情绪或情绪冲动当中，以免与人相处不合。积极的做法是培养情绪稳定及乐观的好习惯，使自己像磁铁般吸引人。

二、内在特质与人际关系

内在特质不全是遗传，不少是从环境或成长经验中学来，所以内在特质仍能随着自我觉察与成长而调整。

（一）个性或人格特质

哪些个性或人格特质不利于人际相处？

1. 害羞、内向：与陌生人接触或面对公开场合时，害羞、内向的人有更多担心、焦虑、紧张、恐惧，不易与人自在交谈、坦然相处。若一直想要躲开人群，愈“独处”则愈退缩。

2. 固执、冷漠：固执、冷漠的特质使人际交流或合作时容易发生争执，因为坚持己见而忽略（不能觉察、接纳）别人的想法与感受，或被认为不亲切、被动而产生负面印象。

3. 悲观、苛求：遇事倾向负面思考，容易“打击士气”（自我及他人）；对人总是挑剔、苛求、抱怨、责怪，很少欣赏或对人感到满意。因此，大家都怕与他相处，以免笼罩在不快乐的气氛当中。

4. 虚伪、自私：虚伪是不真诚，自私是别有用心，这样的人也许暂时可以蒙骗别人，但终究无法赢得信任。虽然暂时可以胜过别人，最后仍会失去友谊。

（二）情绪智商（EQ）

美国哈佛大学教授丹尼尔·高曼（Daniel Goleman）力推EQ（情绪智力的商数）的价值，EQ低不仅容易失败、痛苦、生病，还会破坏人际关系甚至犯罪。哪些表现可谓“EQ低”？

1. 脾气暴躁：易怒的人非常难以相处，若与他“争”，就会演变成暴力冲突；不与他计较，又可能使自己沦为暴力下的牺牲者，遭受言语甚至身体的威胁与攻击。

2. 情感用事：情绪化的人凡事跟着感觉走，不能以理智来了解现

图2-2 你是高EQ的人吗？你认为一个高EQ的人应该具备哪些特质？（图片来源：ShutterStock）

况。稍微受到外在人事物的影响，“情海”即生波涛。这种“喜怒无常”的性格，常令人难以预测、不知所措。

3. 缺乏同理心：同理心是指对别人情绪的觉察，同理心愈强者，愈能“设身处地”“感同身受”；反之就显得冷漠无情，甚至“在别人的伤口上撒盐”“幸灾乐祸”。严重伤害他人的罪犯，常为此类性格者。

4. 情绪压抑：与情感用事者相反，经常“喜怒不形于色”、表里不一致，外表呈现出的情绪与内心完全相反。这么做通常是为了讨好别人、避免冲突，结果反而埋下引爆更大冲突的“地雷”，也会影响自己的心理健康。

5. 杞人忧天：高度焦虑类型的人很爱操心，与人相处容易过度依赖或怀疑。因为害怕别人不理他，所以想掌控一切。质疑别人的忠诚，让人觉得与他相处很有“负担”。再严重即成病态，如：敌视父母（甚至杀害父母）、把自己的快乐建立在别人的痛苦上（别人愈痛苦，自己愈快乐）、被害妄想（不信任别人，怀疑别人要伤害他）、善妒（制造假想敌，攻击别人）等。

精神医学或变态心理学的研究发现，性格问题（或称性格异常、人格违常）会严重破坏人际关系，例如（T. W. Costello & J. T. Costello，1995）：

1. 妄想型人格异常：即一般所谓的“疑心病”太重，总怀疑别人设陷阱迫害他，无法信任别人，好辩论、好诉讼。一方面难与权威人士（父母、师长、上司）相处，另一方面却歧视软弱的人。缺乏温柔或感伤方面的情感，过度严肃、少有幽默感。

2. 分裂型人格异常：无法感受人际相处的温暖，无法与人深层互动。过于关注自己，对他人心不在焉。对于赞美、批评或其他情绪毫无感受，使人觉得冷漠、沉闷、没有幽默感。

3. 自恋型人格异常：强烈的自我迷恋，过度夸大自己的才华及重要性。毫不为人设想，任意对人提出类似剥削的过分要求。当别人拒绝他的要求，即表现傲慢及轻蔑的态度。需要别人不断赞赏，对于批评则迅速回以愤怒或轻视的态度。

4. 回避型人格异常：渴望得到接纳与建立人际关系，却极力避免与人接触、十分退缩。单独一人时夸大自己的缺点，把它当作社交失败的原因，于是愈来愈畏惧人群，更显孤立。

5. 依赖型人格异常：缺乏自信，处处依赖别人（任何小事及做决定）。自认太笨、没有能力，所以必须依赖别人。恶性循环之下，愈来愈退缩及被动。

6. 被动攻击型人格异常：对人有潜在敌意或攻击意念，但以被动方式表现，如：故意不服从命令或要求，拖延、健忘而故意忽略别人的期盼，偶然会出现伤害他人行为等。

7. 反社会型人格异常：对自己的行为没有一套道德准则，即使伤害别人也不感到懊悔（没有同理心、罪恶感）。对人没有感情，人际关系只是操弄和剥削别人的工具。

看到上述异常人格，不要“五十步笑百步”，因为每个人多少都有“盲点”，看不见或未察觉自己的性格弱点，如：个性较直、脾气较硬、容易情绪激动（易怒、沉不住气）、太在意别人的评价、固执己见、孤僻、容易紧张、害羞、太“酷”（不苟言笑、笑容太少）、不喜欢团体活动、不主动与人打招呼、好批评、很少夸奖别人、有优越感（过于自信）、不守信用（出尔反尔）、推卸责任（苛求别人、轻易原谅自己）等，这些也需要尽快改善。

另外，有人因自己的条件极佳或成就不凡，不肯屈居人下，对人愈来愈欠缺同理心及礼貌。他们多半不重视“真正的”人际关系，不承认自己与人相处有问题。这些人虽非病态，但要他们接受建议、改善自己，也几乎不可能。

既然内在特质（性格、情绪、内涵）更能影响人际关系，我们就得及早调整自己性格的弱点，以免恶化至不可收拾。

第二节
表达能力与方式

表达或沟通能力是天生的吗？从“多元智慧理论”（Theory of Multiple Intelligences）来看，有些人确实在“人际智慧”（Interpersonal Intelligence）方面较强，善于交朋友，拥有较多朋友，到陌生场合很快与人打成一片。对别人的情绪感受较为敏锐，知道如何正确回应，所以容易成为团体的领导者。人际智慧较高者，适合从事政治、外交、心理辅导、公关、推销，及需要协调、沟通的行政工作（田耐青，1999）。

一、表达能力与天分

“人际关系”是人生重要的一环，必须学习如何与人相处、增进人际关系、化解人际冲突，才有助于工作与生活。人人都必须增强沟通与表达能力和技巧，所谓技巧并非“花言巧语”，不可将孔子所言“巧言令色鲜矣仁”（《论语·学而篇》）与“刚毅木讷近乎仁”

（《论语·子路篇》），做错误的对照与解释。较适用的是孔子说："有德者必有言，有言者不必有德。"（《论语·宪问篇》）有品德的君子（仁者）必定善于言辞，真诚无欺、慈悲为怀，说出的句句都是"金玉良言"。

二、说话动机与技巧

"德行"是决定表达好坏的关键，狭义来说就是"动机"，如寂天菩萨说：

> 这个世界上不管有什么样的喜悦，
> 完全来自希望别人快乐；
> 这个世界上不管有什么样的痛苦，
> 完全来自希望自己快乐。

这段话乍看只有"圣人"做得到，一般人难有这么"圣洁"的动机，其实不然。

> 如果你试着克服自私的动机……嗔怒等等，并发展对别人更多的慈悲，最后你将获得比本来还多的利益。所以，有时候我说"聪明的自私人"应该这么做；"愚痴的自私人"总是为自己着想，结果是负面的。

既然克制不了私心，我们不如转个方向，做个"聪明的自私人"，先为别人着想、对别人更慈悲；这么做，自己也会获得利益，而且比“自私自利者”获得更多。

说话或与人相处，哪些表现算是“愚痴的自私人”？

1. 隐藏自己，让别人看不出“真面目”，以为如此最为“安全”。

2. 探测别人的隐私，以作为日后“操控”他人的把柄。

3. 对人傲慢无礼，展现自己的权威或才华，以为高人一等。

4. 有话直说，直接说出对方的缺失，以为这样对别人最好。

5. 很少关怀、吝于赞美，以为别人都不如自己。

6. 觉得别人都不够好，经常批评或挑剔别人；若别人批评他，为了维护面子一定抵死不从。

“聪明的自私人”会怎么做？

1. 诚实为上策，唯有对自己诚实、对别人诚实，才能自由自在、心安理得。

2. 愿意听人倾诉、了解别人，不是为了探人隐私，而是要给对方需要的温暖与支持。

3. 待人谦虚、和气，注意自己的态度及口吻，如证严法师所说：“要做个受欢迎的人，做个被爱的人，就必须先照顾好自我的声和色。”“能一字‘和’，则无往不利、无事不成。”总把自己看得比别人低下，如《礼记·曲礼篇》所说：“夫礼者，自卑而尊人。”

4. 说“该说的话”而非“想说的话”，“想说的话”通常是批评、挑剔、不满或自吹自擂，“该说的话”则是关怀、赞美、体谅、谦虚，让人温暖及振奋。

证严法师说：“待人要宽心，讲话要细心。”“话要讲得恰到好处，多一句、少一句都不好。”要能察言观色，所说的话若会令人痛苦、厌烦，即不该说或应立即停止。孔子说：

言未及之而言，谓之“躁”；言及之而不言，谓之“隐”；未见颜色而言，谓之“瞽”。（《论语·季氏篇》）

多说一句是“躁”（急躁），少说一句是“隐”（躲藏），不察言观色就说话是“瞽”（睁眼瞎子）。这三种人就是“不会说话”。

三、理想的表达方式

与人交往的理想表达方式是什么？心理学大师卡尔·罗吉斯（C. Rogers）认为是能做到倾诉、真诚与爱的人。

图2–3　懂得适当地倾诉与求助，也是一种重要的沟通及表达能力。（图片来源：ShutterStock）

（一）倾诉

1. 愿听人倾诉：专心聆听、努力了解别人话中的真正意思，进入他人的内心世界。从各个角度澄清或答复，不加以褒贬批判，不替他人承担责任，也不打算改变对方。否则当别人冒险说出心里的话，却遭到你的否定、曲解时，会感到更加孤单、委屈。

2. 愿向人倾诉：当陷入无法解决的困扰而心情沮丧、绝望时，能向人说出深藏心中的各种情感，如：恐惧、罪恶感、失望、迷惘等。借着向人倾诉得以重新检视自己的内心世界，纾解那些曾经非常可怕的情绪，使生活再次“拨云见日”。

（二）真诚

1. 接纳真实的对方：鼓励别人表达并接受他的真实情绪，不论是消极或积极、正面或负面。如果我们不能面对别人真实的一面，就不能表达真实的自我。大家都活在掩饰及虚假中，只是无意义的交流。

2. 表达真实的自己：能不断体验真实的自己，使内在体验与外在表现协调一致，不会表里不一、言不由衷，或因保护自己而自欺欺人。要学习与人接触时不带任何掩饰，不矫揉造作而掩盖自己的本性。表达真实的自我包括：承认内心对某人的愤怒，勇于拒绝别人的伤害等。

（三）爱

1. 能爱人：能真心关怀、欣赏、爱护及赞美别人，且把这些情感表达出来。这种“爱”不附带条件、没有企图，只是纯粹欣赏，像观赏落日晚霞。“真爱”是欣赏他本来的样子，而非我们期望的样子。

2. 能被爱：“被爱”是指欣然接受别人对自己的真情厚爱，感受自己置身于这种温暖、幸福的气氛当中。许多人不敢接受关爱，体会不出别人浓厚的情意，甚至将关心误解为干涉、阻难，因此不能感恩与喜悦。

表达能力强，并不是特别善于说理、辩论，而是能正确地表达。即能够坦诚自信、冷静客观，做到非礼勿言、谦虚尊重、欣赏赞美。

第三节
生活环境与经验

人际关系的好坏，受到先天（内在）的个人因素，及后天（外在）的环境因素之双重影响，不是自己可以完全控制及决定的。所谓“近朱者赤，近墨者黑”“蓬生麻中，不扶而直”，一个人不论被动地“制约”或主动地“模仿”，环境对人的影响都难以估计。尤其是在成长过程中，家庭及学校对未成年人有莫大的影响。

我们不能选择父母及家庭，不能预期老师的做法及同学的态度。但在家庭及学校所经历的人际关系，会构成或改变我们对人的看法。以下分别解析。

一、家庭环境的影响

依附理论强调“婴幼儿时期的家人关系，是个人成长后与人建立关系的最重要基础”。能否信赖亲近他人、是否有自信（自我价值感），都由与家人（尤其是父母）的互动当中形成。若父母感情不睦，家中缺乏温暖，子女可能会离家出走（逃离不快乐），甚至参加帮派（寻求关爱）。父母的行为不端（吸毒、酗酒等），子女无形中会“复制”（copy）父母的行为。有些父母因观念偏差，灌输子女不当的待人处世之道，如：逞凶斗狠、欺骗狡辩。下列状况均不利于日后人际关系的发展，如：

1. 经常受到父母责备，与人相处即可能畏畏缩缩或极端抗拒（尤其对权威的反抗）。

2. 父母婚姻不睦或争执不断，会影响自己对婚姻的憧憬、行为，甚至逃避婚姻。

3. 父母过于权威或溺爱，会形成子女任性、霸道、自私等性格。

4. 父母偏心会造成手足不和及心理不平衡，转而迁怒、攻击别人。

图2-4　家庭是个人成长过程中最主要的生活环境，对我们的人格养成有非常重要的影响。（图片来源：ShutterStock）

5. 父母性格偏差、过于冷漠或脾气暴躁，会扭曲正常的待人之道，使子女因而欠缺同理心。

性格或人格异常会破坏人际关系，这不仅是遗传，也来自成长背景与特殊经验，明显的例子如犯下杀死小灯泡事件的王景玉。

王景玉就读小学时，常在班上结伴闹事。初中时因为满脸青春痘，被同学取绰号“麻鸭”，也常被打，因此转而欺负甚至勒索弱小的同学。初中成绩落后，产生挫折感，结交损友并开始接触毒品。高职辍学后，求职不顺遂，犯罪前四五年都失业在家，失败感日渐升高，也因吸毒导致情绪暴躁，是辖内毒品列管人口。

王景玉的父亲为空军退役老兵，靠退休金及妻子做清洁工的收入生活。王景玉身为家中独子，跟父母同住，生活支出全向双亲伸手，父母无奈只能每天给他200元零用钱。亲子关系紧张，父亲是严父，跟他几乎没有沟通。他曾和父母发生冲突，被送到联合医院松德院区急诊室就医。

侦查程序中，检察官曾经委托台北荣总对王景玉进行精神鉴定，确认为思觉失调症。王景玉父亲对此表示，儿子精神异常，曾因精神疾病就医，但并未领取相关证明手册。

小灯泡的妈妈亲眼看见女儿被杀，受打击相当大，极度哀恸下，犹能理性提出问题解决的“根本之道”，她说：

这样的随机杀人事件，凶嫌基本上在当时是没有理智的，这不是靠立什么法、怎么做处置，就能够解决这个问题。我还是希望能从根本、从家庭、从教育，让这样子的人消失在社会上，让我们的子子孙孙都不要再出现这样子的人。每一个犯罪者，都曾经是单纯的孩子，若不是家庭、学校和社会失能，冷血与凶残也不足以养成。

看了他的成长，那个人会长成这样，家庭要负很大的责任，我觉得他父亲没有好好对待这个孩子。他其实没有什么朋友，他的朋友曾经要去家里关心或是打电话，他父亲都会断然拒绝、挂电话，觉得他不需要朋友，所以他跟任何人都没有情感联结。

小灯泡的妈妈希望可以从王景玉的成长史与疾病史中找出犯罪心理机转，并请求政府提出对策，避免将来再发生同样的憾事。

如果王景玉的成长环境能改善，他的命运能否跟着改变（蝴蝶效应）？例如：

如果他的父母能改善与他的沟通方式？

如果他的课业表现不佳及遭到霸凌时，能够得到父母的支持与协助？

如果在读高职感到适应不良时，父母能及早向校方求助？

如果他对父母暴力相向时，父母能及早寻求医师与警方的协助？

如果他的父母能多充实教养知能？

“差之毫厘，谬以千里”，使王景玉的成长环境产生一连串的错误。他中途辍学、工作不顺遂、失业多年、靠父母接济、吸毒与持枪、殴打父母等，偏差行为不一而足。有精神疾病也未及时治疗，以致用残忍方式杀害无辜幼童。

二、学校环境的影响

长大后我们渐渐脱离家庭，常与同伴（同侪团体）在一起，学校生活占较大的比重。此时遇到的老师、班级特质、友伴关系，对于人际关系都有进一步的影响。有些孩子较内向、害羞、坏脾气，经由个别或团体辅导，可能有所改善。反之，若学校强调竞争，姑息某些不公平的欺压（霸凌）现象，即使原本人缘不错的孩子，也可能因不纯真的友谊而心灰意冷，何况原本就不擅与人相处的学生。

不能指望每个人都有能力抵挡恶势力，学校应该营造友善的环境，老师或辅导者可以这么做：

1. 学生哭闹、使性子、不合作时，以同理心表达对学生负面情绪的体会，而不是一味制止、威胁或斥责。

2. 学生言行不当，侵犯或伤害别人时，先冷静下来，与学生“就事论事”地讨论问题、求取共识，并再次保证对学生的接纳。因为不好的是行为，而非学生整个人。

3. 与学生沟通失败时，不要一味自责或屈服（自觉被孩子打败而无可奈何）。要从失败中学习，寻找其他方法。为了确保师生沟通成功，可能需要先“演练”几遍。

4. 学生有特殊状况时，不要视为麻烦或问题，要想成是他有困难或某些需求未能满足。要更用心去了解他，千万不能漠视、置之不理。

王景玉如果碰到几位“知其不可为而为之”的老师或辅导者，肯持续帮助他、坚持不放弃，他的命运应该不同吧！

三、生活经验的影响

某些特殊的生活经验，会改变我们对人的看法，以致影响人际关系。如：

1. 遭受父母在身体、言语、精神上的暴力虐待，感到无法理解而对父母怀恨在心。

2. 遭遇师长、同学甚至陌生人的歧视或霸凌，却有苦难言。

3. 遭逢类似八八水灾这种巨大变故——生命、财产的损失，必须变得独立坚强。

4. 遭到误解、排斥或失恋等，变得消沉、极端。

要多久才能走出来、重新再笑？日籍女作家新井一二三曾在报上发表文章《阴影》，提到她的母亲用尽方法打击她，使她为了逃避母亲而到国外生活。即使偶尔要与母亲见面，几天前就会开始担心，不知母亲又用什么办法折磨她。文章最后一句：“为了逃避阴影而开始写文章，我总有一天要写那阴影本身。”（《中国时报》37版，1998年10月6日）

第四节
立场与观念差异

社会心理学研究发现，人类有“自我侍奉”的心理，为了维护自尊，专挑“好的”来形容自己，以“不好的”来看待别人。这就构成了人际沟通的困难，并且容易产生人际冲突。如证严法师所说：

众生有烦恼，是因为我执的关系。以“我”的自私心理为中心，以自我为大，不但使自己痛苦，也影响周围的人群跟着争执痛苦。(《静思语》)

人们往往就是太执着，而有分别心。是你，是我，划分得清清楚楚，以致我爱的拼命去争、去求、去嫉妒，心胸狭窄、处处都是障碍。(《静思语》)

人际之间必须互通有无、截长补短，才能满足生活所需，顺利地生存下去。然而人类却也是难以和谐相处的动物，聚在一起即因性格、意见、感受不同而争斗、摩擦。人类既须相互依存又会相互排挤，如何取得平衡?

一、个性与群性的冲突与调和

球队是一个既要表现个人特色又得团体合作的典范，以引爆“林来疯”现象的华裔球星林书豪为例，如何在众星云集的顶尖球队中与其他明星球员合作，凝聚团队战力为球队打出一番新气象?据报道:

一夕爆红的NBA“哈佛小子”林书豪，曾率领尼克队打出七连胜，而制胜的最大关键在于他彻底发挥了团队力量，适时传球给队友，让团体一起建功。

林书豪除了努力将个人球技发挥到极致，他也串连全队，并一一挖掘队友的潜能，再透过他的攻势发动、传球，让全队都能发挥战力。球队赢球时，林书豪总是谦虚地归功给队友;输球时，他则勇于承认错误、汲取失败的教训。

在讲求“个人自信”与“标榜自我”的美国文化中，谦虚又重视团队合作的林书豪，为NBA带来消失已久的体坛清流。（吴宁康，《谦虚清流，林书豪改变NBA文化》，《中央社》，2012年2月27日）

人际间要能彼此欣赏、合作，就能容忍、宽恕，如证严法师所说：

爱是人间的一份力量；但是只有爱还不够，必须还要有个“忍”——忍辱、忍让、忍耐，能忍则能安。（《静思语》）

星云大师认为人与人相处之道，在于能够把别人看得比自己更重要，如：

你对我错，你大我小，你有我无，你乐我苦。

把欢喜快乐给人，把利益和人分享，有理是别人的，错失是自己的。（李琨，《人间觉有情》，《联合报》，2006年8月5日）

人际间要合作就得容忍，互不兼容就无法共事。但我国教育强调竞争（个人成就）、考取第一志愿，让毕业学校及父母感到无比光荣。

2011年，成功大学前校长黄煌辉面见马英九说：“‘台大’人的眼睛长在头顶，常常会撞到电线杆。”他认为“‘台大’人因为态度高傲，常让共事者不愿配合而无法完成事情”，他希望“‘台大’人能收起高傲、学习谦虚，让好的人再更好”。

图2-5 “团队合作”在许多运动项目中非常重要，往往关系着比赛的输赢；同样地，“合作”在人际相处上也相当重要。（图片来源：ShutterStock）

孔子说：“独学而无友，则孤陋而寡闻。”一个人虽聪明、有才气，但若不虚心向学、不耻下问，总有“江郎才尽”的一天。孔子说：“益者三友，友直、友谅、友多闻。”“三人行必有我师焉。”“见贤思齐，见不贤而内自省。”应多向人请教、多与人合作、多配合全体、多察纳雅言（接受批评），多结交志同道合、脑力激荡的好朋友。

个人的独特性与团队合作并不抵触，而是相互提醒、互通有无。若人人“唯我独尊”“自我膨胀”，处处想争第一，所欲求的事物不可得就嫉恨别人，这样的人际关系是排挤的（有我无人）、恶性竞争的（同行相嫉、文人相轻）、虚假的（尔虞我诈），而且非常痛苦（势不两立、冤家路窄）。

二、人际的包容与感谢

各类人际关系常因立场、观念差异而发生争执，要如何预防或化解呢?

以亲子关系来说，因为“代差”（成长背景不同）、父母期望，以及成长过程的追求自主，亲子间要融洽相处并不容易，如何才能心灵相通？以父母而言，要尊重子女的选择，不以权威“强迫”子女。以子女而言，要理性判断、接纳父母的告诫，保持感恩及尊敬的心。

以师生关系来说，教师要体认教育爱是无私、无我的奉献，对学生要一视同仁、因材施教，不能偏袒少数学生。学生也要感念教师的用心良苦，尊敬老师、体谅老师。老师感受到学生的“正向反馈”，会更无怨无悔地劳心劳力，教与学之间才能形成良性循环。

以同侪关系来说，朋友来自不同家庭，有各自的个性、才华及未来抱负，因此多彩多姿。要使自己走向人群、广结善缘，不要钻牛角尖、误解别人。尤其对比我优秀或幸福的同学产生嫉妒情绪时，要设法自我纾解或找人开导。

以爱情关系来说，须及早了解与尊重性别差异。长久以来“男尊女卑”“男主外女主内”的传统观念，至今已遭法律及情理挑战，有了很大的变革。不论何种性别，都要跟着改变与成长，才能获得真正的幸福。

虽然人际冲突处处可见，如家庭暴力、师道式微、你争我夺、口蜜腹剑，不少人戴着假面具、虚应故事。但危机就是转机，人性光辉会被蒙蔽但不可能消失。隆·克拉克（R. Clark）是一位美国小学老师，他的祖母及父母教他待人有礼、尊重他人、感激他人、欣赏他人，他体会到这些行为的好处，所以在《优秀是教出来的》一书中，整理出55条“班规”来训练学生。学生因而脱胎换骨，无论言谈举止、学业成绩、待人接物，都有明显的进步。他认为，这些规则不仅在学生身上成绩斐然，任何人也都适用，都可以从中成长。

超基本的55条

1. 与大人应对，要有礼貌，有分寸。
2. 与人互动，眼睛要看着对方的眼睛。
3. 别人有好表现，要替他高兴。
4. 尊重别人的发言与想法。
5. 自己有什么好表现，不要炫耀，输给别人也不要生气。
6. 如果别人问你问题，你也要回问他问题。
7. 打喷嚏、咳嗽都要说对不起。
8. 不可以有不礼貌的小动作。
9. 别人送你任何东西，都要说谢谢。
10. 接到奖品和礼物，不可以嫌弃。
11. 用小小的贴心，为别人制造惊喜。
12. 改同学考卷时要谨慎。
13. 全班一起念课文时，要看着正在念的一字一句。
14. 以完整的句子回答所有的问题。
15. 不要主动讨奖品。
16. 每天都要做完作业。
17. 换科目的时候，动作要快，要安静，要守秩序。
18. 做什么事都要有条理。
19. 老师在指定作业的时候，不要叫苦。
20. 别的老师来代课，也要守班规。

21. 课堂上发言或起身，应该讲规矩。

22. 不可以上课上一半，起身去倒水。

23. 见到每个老师，都要说某某老师好。

24. 注意洗手间的卫生，把身边的病原减到最少。

25. 让客人有宾至如归的感觉。

26. 不要帮同学占位子。

27. 同学受罚的时候，不要看着他。

28. 对作业有问题，可以打电话来我家，我没接的话，你可以留言，但是只要一次就够了。

29. 用餐的基本礼仪。

30. 吃完饭，自己的垃圾自己处理。

31. 接受别人的服务要惜福。

32. 坐校车或公交车，都要坐好，别打扰到司机。

33. 认识新朋友，要记住对方的名字。

34. 吃自助餐，或与别人同桌，取菜时不可以贪多。

35. 别人掉东西，请弯身帮他捡起来。

36. 进门时，如果后面还有人，请帮他扶住门。

37. 别人碰撞到你，不管你有没有错，都要说对不起。

38. 进行校外教学时，无论是到哪一个公共场所，都要安安静静。

39. 去参观别人的地方，要不吝于赞美。

40. 全校师生开会的时候，不要讲话。

41. 接电话时言谈要得体。

42. 一趟校外教学结束，要感谢所有随行的老师与家长。

43. 搭乘电扶梯时，要站右边，赶时间的人走左边。

44. 列队行进时不可以说话。

45. 不可以插队；但看到别人插队不可以大呼小叫，让老师知道就好。

46. 看电影时不可以说话。

47. 不可以带“多力多滋”来学校。

48. 有谁欺负你，让老师知道。

49. 自己的理想自己要坚持。

50. 要乐观，要享受人生。

51. 别让将来有遗憾。

52. 从错误中学习，继续向前迈进。

53. 不管如何，一定要诚实。

54. 抓住今天。

55. 在你的能力范围内，做最好、最好的人。

问题与思考

1. 从小到大，家庭及学校教育是否注重及教导与人相处的沟通技巧？请举出三个实例来说明。

2. 以下十项，哪些是“人缘好”的原因？（参考答案及解析，见本书附录）

（　）（1）长得漂亮（或英俊）。

（　）（2）不自私、尊重别人。

（　）（3）没有脾气，是好好先生。

（　）（4）常主动与人接触，能先喜欢别人。

（　）（5）帮助、鼓励别人。

（　）（6）大方，常常请客。

（　）（7）有个性、率直（不做假）。

（　）（8）有幽默感，跟他在一起时觉得很轻松。

（　）（9）口才好、雄辩滔滔。

（　）（10）很上进，有自己的人生目标。

案例讨论

◆案例一

正强说话很直，常常批评别人，心情不好更容易对人大呼小叫。但他并不自觉，反而认为是同学太糟糕，自己只是在教他们。正强坚持己见，即使面对老师时也一样“理直气壮”。

导师提醒过他，这样说话不太礼貌。但正强潜意识里似乎害怕被人欺负（家庭背景与成长经验），所以一直表现出“强者”的样子，不轻易示弱或道歉。正强继续这样，真的没有问题吗?

◆案例二

顺美的脾气很好，总是为别人着想，一味地配合别人。她想要成为贴心及合群的人，但这似乎并未为她赢得友谊，大家反而不太尊重她，觉得她是个没有原则的人。顺美以为自己还不够体贴、愿意为同学再多做一些，例如帮忙跑腿、找团体报告的资料，甚至多分担一些小组作业……顺美这样做，对吗?如果你是顺美，会怎么做?

第三章

人际沟通的性质

产生冲突后的沟通方法……
1.等双方冷静，互相思考后再说话
?
?
2.主动道歉（口头或书信）
Sorry
3.提出补偿方案，取得共识
原来还有这么多方法可以重新对话！

● 人际金言 ●

世间唯一难行的不是杀生戒也不是邪淫戒，而是妄语戒；有许多无辜的灾祸、不幸的纠纷与悲惨的遭遇，都从“妄言”而来。说到“妄言”，唯一能制止它的功夫，便是一颗诚心；对人对事恭敬，不掉以轻心。（弘一大师）

“说话”是人际交流最简便的方式，正因为方便，于是常不经思索，脱口而出下列“坏话”：

1. 未经证实的“谣言”。

2. 自吹自擂的“大话”。

3. 心胸狭窄而酸溜溜的“恶语”。

4. 把自己的快乐建立在别人痛苦之上的“玩笑”或“恶作剧”。

5. 好听却不真诚的“花言巧语”。

6. 口惠却实不至的“欺哄”。

所谓“祸从口出”“人言可畏”，不当的言语会酿成大大小小甚至无可弥补的灾祸。父母师长常告诫我们：“不可乱说话。”小孩子“童言无忌”还可原谅，但长大后仍“出口伤人”，就必须深切反省。

学习“人际沟通”，消极地要避免说出损人不利己的“坏话”；积极地更要学习说话的艺术，多说真正的“好话”。谚语：“君子动口不动手。”君子要“以理服人”“以德服人”，不要“霸道”“以力服人”。然而常见人们一言不合就卷起袖子、抓起身边的“武器”与对方“缠斗”，加上大声谩骂甚至羞辱，实在令人难过与厌恶。

精进沟通技巧首要觉察自己的沟通困境，如：

1. 自己的条件不错（长得帅、功课好、出手大方、有才气），为什么交不到知心好友（包括爱情）？

2. 为什么控制不住自己的脾气，以致说出“无心”的恶言？想要道歉却又觉得“双方都有错！为什么要我先道歉”？

3. 内向、害羞、木讷的个性已经“江山易改，本性难移”，感慨自己永远不可能成为善于交谈、有幽默感、受人欢迎的人。

第一节
人际沟通的时代意义

“沟通”一词（英文为communication），大家早已耳熟能详，但真切的意义却说不清楚。其实它的英文与“传播”相同，我们常听到“大众传播”（mass communication），较少知道“口语传播”（speech communication）。前者是运用动、静态媒体（电视、广播、报纸、杂志等）与大众交流信息，后者则是运用谈话、演讲等方式与小众或个别沟通。

人际沟通是人与人之间的“信息交流”，此“信息”可指单纯的信息传递（消息、新闻、事实等），或将个人的理念、态度、情感与人分享。如果自觉不需要某些信息，或不想与人分享信息时，是否就不必沟通？可惜，除了鲁滨逊漂流荒岛，被迫与世隔绝外，人类本有“与人交流”的心理需求。只是要拿捏与人共处又不丧失自我，维持“有点黏又不会太黏”的人际关系。

一、人际沟通的定义

沟通的拉丁字源communis，带有“共同的”意思。沟通就是借着分享“信息”（包括信息、理念、态度、情感等），以建立“共识”。人际沟通是指人与人之间透过信息交流，期望彼此了解，建立一致、和谐的观念及行动。为了“共同的”目标，个人有时不免要让步，不论是心悦诚服地改变态度，或是面对压力下而必须妥协。理想的沟通不是“强迫”“高压”，如果只是单向命令，那是专制而不是沟通。

真正的沟通不需要放弃自我、服从对方，而是与人合作，又保有自我主张。真正的沟通不是单向或某方高高在上，而是平等、双向的互动。沟通双方的角色要经常互换，同时具有“说话”（发信者）与“听话”（收信者）的身份与责任，说话时要观察听话者的反应。所谓“平等”关系，并非“地位”平等，而是“角色”平等，才能就事论事、畅所欲言。然而师生沟通、亲子沟通、上司与下属的沟通，因为老师、父母、上司的社会地位（或权力）较高，若坚持自己是“上位者”，就无法尊重学生、子女、下属，容易构成沟通不良。

人际沟通包含三个要素，即：来源、信息、目的。沟通的本质是发信者与收信者在特定的信息上得到意见的“调和”。人际沟通的“来源”是发信者，“信息”主要为语言符号，“目的”则依发信者的动机而定，如：谈心、安慰、说服、鼓励、描述、领导、解答、解决冲突等。为了达到沟通目的，要运用各种沟通技巧。所以，“如何沟通”即是关键。沟通目的不能达成，可能是当中存有干扰或障碍。

二、人际沟通的干扰

人际沟通的干扰或障碍会影响沟通的成效，人本心理学家卡尔·罗吉斯认为：

> 在人和人之间，主要的沟通障碍，乃是我们都有一种自然的倾向——对别人说的话（或对别的团体）施以裁判、评断，或表示赞成、反对之意。

罗吉斯认为，这种倾向强烈时，“我们只会发现两套观念、两种感觉、两个判断，而失去了相互包容的心理空间”。所以，“真正的沟通……是能从那个人的观点，去看他所表达的意思与态度”。如果每个人均以自己为衡量万物的尺度，互不相让、互不了解，必然纷争不断且有理讲不清，即俗称“公说公有理，婆说婆有理”。

图3-1　沟通不是“强制”对方接受自己的意见。（图片来源：ShutterStock）

人际沟通的干扰，有“人”及“环境”两部分。环境因素如：“贫贱夫妻百事哀。”贫穷引发夫妻争执，疏忽对子女的心灵照顾。肚子都填不饱了，哪有心情顾及其他？不少家庭因父母忙于生计而疏于管教，致使亲子关系不良，子女易于犯罪。有些家庭虽能使子女吃饱穿好，却未注意营造利于沟通的环境，仍会造成沟通不良。例如：某天晚上我在一家书局为儿女选购文具，听到一个约莫十岁的女孩与老板的对话：

女孩："我最讨厌我外婆了，动不动就骂我，还管我那么多，烦死人了！"

老板："外婆是关心你啊！你妈妈把你托给外婆照顾，你想想看外婆的责任有多大，不管紧一点怎么行。"

女孩："我最恨我妈了，那么久才来看我一次。很久才烧一次菜给我吃，就要我感谢？菜烧得难吃死了。×××（三字经）。"

听到小女孩如此粗鄙的言辞、满脸的不屑，刚开始我很吃惊，继而一想则觉得她好可怜。什么原因让母亲将女儿"丢给"外婆？这个状况有多久了？爸爸呢？唉！因为父母疏于照顾，造成女孩对父母不满，与外婆也沟通不良。"事在人为"，既然是"人"造成的不良环境，也该由"人"来改善环境。

人的某些观念、态度及方式，易造成沟通干扰，如"有话直说""理直气壮"。坚持自己是对的，即不考虑沟通的方式，如证严法师所说："脾气、嘴巴不好，心地再好也不能算好人。"沟通的重点不仅在"说什么"，更在"怎么说"。"说什么"是口语行为（措辞、内容），"怎么说"是非口语行为（表情、态度、声调）。非口语信息在沟通当中占的分量更重，超过总量的三分之二（王淑俐，1997）。说话习惯不好，即因不讲究沟通"信息"的修饰。有些人虽不会主动挑衅，却易受别人的影响而动怒，这也构成沟通干扰。

从沟通的“要素”解析，人际沟通的干扰包括以下几个方面。

（一）“来源”的状况（发信者）

1. 沟通双方差异过大：人际沟通的“来源”（发信者）不是固定的，由沟通双方轮流担任。人际差异有些是先天的，如年龄、性别、个性、遗传；有些属于后天的，如职业、态度、学历、家庭环境等。如果差异过大或一方故意拉大差距（如“嫌贫爱富”、讲究“门第”），双方即愈来愈难以沟通。

2. 情绪失控：若发信者对收信者有偏见、成见，则沟通注定失败。若故意曲解对方的意思或被对方激怒，场面也会“失控”，演变成争吵，甚至是肢体冲突。就算只有“冷战”（“怄气”或不合作），也会使沟通中断。

图3–2　沟通的双方有一人情绪失控，往往会使沟通中断甚至失败。（图片来源：ShutterStock）

3. 不专心：人际沟通失败，常因某方“没有诚意”，客观的说法即是“不专心”，也就是不重视发信者的感受，或“迟钝”到不知道发信者的感受。有时只是很单纯的不专心，如：想心事、做白日梦，也会使说话者说不下去。

（二）“信息”的传递（使用的语言符号及渠道）

1. 语意不清或暧昧不明：发信者传递信息时，可能因表达能力不足或有所顾忌，没有将真正的意思说出来。也有时故意不说明白、“话中有话”，要别人来揣测。既然是“猜”，当然就可能“猜错”。

2. 环境不适或令人分心：沟通的环境包括物理和心理两种，前者指沟通的地点或空间，包含温度、声音、光线等；后者指沟通的气氛及感觉，包括对方的态度、沟通方式及对场地的安排与布置。环境令人感到不舒服或分心，沟通即易失败。

3. 信息被筛选或扭曲：收信者因个人的成见或习惯，有意无意地扭曲或筛选信息，使信息无法完整或正确地传递。

4. 表达的方式不当：批评、挑剔、评断、命令、威胁、说教、否定、质问、贬抑、傲慢、无礼、讽刺、冷漠等口吻，会使人产生防卫感及心生不悦，使沟通管道中断。

（三）“目的”之设定（沟通目的之明确性、合理性、一致性）

1. 沟通目的模糊：有时发信者自己也不清楚到底想表达什么，或沟通之目的何在。可能是不确定自己的态度与情感，也可能是缺乏自信、没有主见。或因感情用事而偏离主题，忘记沟通的初衷。

2. 沟通目的不当：有时以“说服”为沟通之目的时，会演变成

"胁迫"，反遭对方抵制（不合作）及抗拒。就算收信者表现"服从"的样子，也可能"口服心不服"，无法真正达到沟通目的。

3. 双方之沟通目标的冲突：当双方都想"说服"对方而互不相让时，结果就因谁也不服谁，而使沟通无法进行。此时沟通已变质为自私、单向传达自己的沟通目的，无法"双赢"。所以，真正的沟通是在相互了解及必要退让后，使双方都能得到满足，为后续沟通奠定良好的基础。

第二节 人际沟通的深层目的

人与人之间为什么需要沟通？消极是因"必须"共同生活及工作（家人或同事），要避免纷争和伤害。积极则是"快乐因分享而加倍，痛苦因分担而减半""和则两利，不和则两败"，增加工作效率及幸福感。中国俗谚："在家靠父母，出外靠朋友。"成功人士非常懂得这个道理，失败的人则会因自大狂妄、目中无人，直到"四面楚歌""一事无成"时才感到懊悔。

能肯定自我的理念、感受，又能与人达成共识，这就有赖良好的沟通。"不愿意"或"不擅长"沟通，即会制造事端、扩大问题，造成双方严重的损失。由日常生活中的许多行为，可以看出沟通的素养，如开车习惯（抢先或礼让、是否按规定停车或变换车道）、排队习惯等。习惯不好，则损人不利己、得不偿失。

意大利作曲家威尔第在五十多岁时，有个十八岁的音乐天才前来拜访他。年轻人一直谈自己和自己的乐曲，威尔第默默听着。等年轻人好不容易讲完，威尔第说："当我十八岁时，我认为自己是最伟大的作曲家，总是谈'我'。当我二十五岁时，我就谈'我和莫扎特'。当我四十岁时，我已经谈'莫扎特和我'。而现在，我只谈'莫扎特'。"

人际交往要能"谦卑"或"放下身段"，并不容易。《礼记》说："夫礼者，自卑而尊人。虽负贩者，必有尊也。"不仅面对与你旗鼓相当的人要谦虚，对于不如你的人，也要一样的态度。

从教育及身心发展的观点来看，德智体群美——五育均衡，才是健全的人。不能与人正常交往、融洽相处，即不算心理健康。如报载《作弊的资优生》（米尼，《联合报》36版，1999年3月13日）。

> 刚开始教初一这个班的语文时，第一眼就注意到他，因为他表现得非常突出：聚精会神地听课，发言时从容不迫、条理清晰……写起作文来辞藻优美、叙述流畅，程度远在同侪之上。……
>
> 不久却发觉他成了同学攻击的焦点，只要有什么不好的、错误的例子，大家一定将矛头指向他……可说是全班人缘最差的人了；我原以为树大招风……引来同学的嫉妒……
>
> 不过有次下课时，我亲眼看到他以粗鲁无礼的态度，对待成绩较差的同学；有人指责他，他就以更不客气的话骂回去，甚至动手打女同学的头……

文中所述的资优生成绩很好（全班第一、全校第三），为了维持"宝座"，甚至不惜作弊（偷改答案）。就算最终能进入一流大学，给人的印象又如何？是谦和、亲切吗？“台大”前校长李嗣涔在2007年毕业典礼上特别叮咛：“态度决定高度，要谦虚、敬业、不诿过、守时、处处为人着想。”

人际沟通的目标，是学习与人和谐相处，成为一个身心健全的人（教育上称为“全人”）。良好的人际沟通可发挥下列功能。

一、心理功能

（一）满足社会互动的需求

人类普遍有害怕孤单、寂寞的心理，需要时常与人接触、交谈、分享、分忧，得到别人的安慰、支持与指导。不论高兴或伤心的事，若没有合适的对象可诉说，就可能“闷出病来”。

（二）满足自我肯定的需求

自我概念的形成，部分来自“别人眼中的我”。当我们有所表现或完成一项工作时，会渴望得到别人的正面评价（掌声）。当自己有些不太确定的感受时，也期待经由别人的重视、附和或“同理”（了解），产生安定感。

（三）增进心理健康与幸福感

从出生开始，我们就处在各种人际关系当中，在心理及实质上都需要这些人的存在。我们希望拥有良好的人际关系，获得温情与快乐，就有赖正向的人际互动。先要“我为人人”，然后才能“人人为我”。社会心理学研究发现：人们倾向喜欢那些喜欢自己的人，所以要先爱别人，别人才会爱你。

二、社会与决策功能

（一）与人发展和维持各种人际关系

从原生家庭开始，经历各个学习阶段而进入社会，到自己组织家庭，均需要发展及维持各种人际关系，才能感觉快乐、幸福。所以，现代社会愈来愈讲究夫妻沟通、亲子沟通、职场沟通。

图3-3　凡动物皆有爱与隶属的需求。（图片来源：ShutterStock）

（二）影响他人或接受他人影响

借由沟通发挥影响力，不仅运用在日常生活与家人、朋友的互动，也包括职场的管理阶层与被管理者之间。能够影响别人，别人才愿意帮助你。相对地，也要接受别人的影响，为对方付出时间与心力。

（三）增进个人及团体效能

个人或团体成员的沟通能力增强后，更容易推动及达成各项目标，较不怕挑战或问题。因成功经验而增加“效能感”，与“成功”形成良性循环。自我效能感高的人较乐观，具有“内控”倾向——相信努力就可达成目标；反之则较悲观，具有“外控”倾向——觉得一切都操控于环境或别人手中。

（四）预防及解除人际冲突

沟通能力强的人，能兼顾个人及团体双方的目标，不会委屈自己或强迫别人，较能预防人际冲突。就算冲突已发生，也不会逃避，会找寻方法化解。反之，不敢或不善于沟通的人，可能过于焦虑、不敢尝试（或冒险），内心的痛苦、挣扎及对他人的不满，均愈演愈烈，终至一发不可收拾。

（五）解决问题

工作当中不可能只“做事”，还要兼顾“做人”；“做人”不好，“做事”也难以成功。传统农耕时代从翻土、犁田、插秧、除草、施肥、收割等，几乎可以一手包办、独立完成（只需要一头牛和一些临时帮手）。而今精密分工的时代，必须与各个专业团队协调合作。为了减少阻力、增加助力，人人都须具备沟通技巧。为了在职场上“得道多助”，学校教育应及早注重及培养团队合作的精神与技能，不要过于强调人际竞争及单打独斗。

第三节
人际沟通的多元能力

要达到沟通目标、获得沟通效益，就须拥有多元的沟通能力。“能力”不仅指沟通“行动”，更包含各种“技巧”与“效果”。不够巧妙或无效的沟通，就不算具有“沟通能力”。消极的人常说：“我已经沟通过了，没用啊！”“不沟通还好，愈沟通愈糟。”有些人根本没有尝试，就已放弃沟通，这些都是沟通能力不足的证明。沟通能力不足的后果可能更加严重，超过我们想象，例如“情杀”事件。

恋爱时缺乏沟通或沟通不良，不仅两败俱伤，还会造成无法逆转的悲剧，例如下面这则新闻：

> 2014年9月，一个台风过境、风雨未歇的清晨，正上演一场腥风血雨的悲剧。二十九岁的“台大”毕业生张彦文，砍杀二十二岁的前女友，总共47刀，6刀为致命伤。
>
> 两人交往发生争执，张彦文曾打女友巴掌。张彦文与女友吵架时，会以“杀你全家人”为威胁，让女友心生恐惧而想结束男女朋友关系。但张彦文变本加厉，不仅入侵她的住宅，还恐吓女友。
>
> 张彦文因女友要求分手，觉得在她身上已花了不少钱，愈想愈生气。加上怀疑她与别人交往，要求复合又一再遭到拒绝。这些情绪的累积，让他愈来愈生气，决定学习郑捷，到超市买刀预备行凶。
>
> 张彦文庭讯时表示，他高中时罹患“暴怒症”，无法控制情绪。他非常后悔杀死前女友，他愿接受最严厉的制裁，余生为错误的行为负责，他很对不起死者、死者家属与自己父母。

这也是现代快餐爱情的弊端，只在意自己的快乐或愤怒，忽略他人的感受，加上不注重沟通，以致彼此差异与误解愈来愈大。若恋爱遭到某方或双方父母反对时，原因可能是父母觉得对方赚钱少、生活没有保障或生活习惯不佳等，沟通的重点就应放在如何以实际行动

（认真工作等）让对方放心，一味怨叹、自怜、反抗，只是偏激、消极的做法。相爱的双方既然觉得对方是自己的灵魂伴侣，就该拿出勇气与诚意，以各种形式进行沟通，而非未设法克服阻碍就轻言放弃。父母都希望自己的子女婚姻幸福，子女应运用沟通技巧说服父母，证明自己能获得幸福。年轻情侣的相处，不能如此任性，最后“同归于尽”。

一、沟通能力的意义

许多自认聪明的人，因太“看重自己”（过度自信），以为凭一己之力就足以成功，所以不太重视人际关系。其实，自己有才干，更要注意别人的感受，以免“树大招风”，引起别人的嫉妒及攻击。要留意自己是否常“以己之长，形人之短”，总觉得别人都比自己笨，一不小心就流露出轻视对方的言辞与态度（非口语行为）。积极而言更需自我提醒，没有人是万能的，就算自己够好了，还可以“精益求精”！所以需要与人合作，获得别人的提醒与指导。

沟通能力是指“能适当地把信息运用于互动情境中”，沟通能力包含六项技巧（R. F. Verderber & K. S. Verderber，1996）：

1. 非语言技巧：面部表情、音调和姿态的运用。

2. 语言技巧：使用文字以增加信息的清晰性。

3. 自我表达技巧：使别人更了解你。

4. 倾听和反应技巧：解释他人的含义，并且分享所接受的含义。

5. 影响技巧：说服别人改变他们的态度或行为。

6. 营造气氛的技巧：创造一种正向气氛，使有效沟通较易达成。

有人擅长“搞笑”或“捉弄”，这不一定算沟通能力。因为恶作剧会招致对方“恼羞成怒”，还可能要承担法律责任。例如报载：

> 张男、吴女与洪男三人在同一家餐厅打工，一天在厨房工作时，张男与吴女计划捉弄洪男，由张男趁洪男不注意时脱下其长裤，由吴女持DV录像机拍摄。洪男碍于同事情谊未当场翻脸，但后来张男竟将影片上传到网络，洪男愤而提起诉讼。（《自由时报》，2011年6月28日）

有些人“很有个性”，不合己意就“反击”（甚至“重击”），这种状况又应如何改善？报载：

> 三十五岁的洪男骑车时因不满遭年近七十的陈姓出租车司机鸣按喇叭，于是骑到出租车旁狠踹车门，见司机置之不理，一路尾随到停红灯处，拿安全帽砸毁驾驶座玻璃，并以拳头猛打下车理论的司机。司机被殴倒地，他仍以重脚猛踹。后来洪男被依伤害及损毁等罪起诉。（《中国时报》，2012年2月16日）

动画片《阿尔卑斯山的少女》（宫崎骏绘为《飘零燕》），改编自名著《海蒂》（贯馥茗先生翻译为《赤子情》），描述孤女海蒂的故事。海蒂为什么能“融化”孤僻爷爷冰冻已久的心？为什么能“软化”爷爷脸上早已僵硬的线条？因为她能体会别人的痛苦与快乐，她希望减少别人的痛苦，使其更加快乐。以“佛教”观点，即“慈悲为怀”。海蒂的朋友牧童彼得有个失明的奶奶，奶奶对海蒂说：

“唉！孩子，在这个世界上，我的眼永远不会再看见山和金黄色的小草了，我已经完全瞎了。”

海蒂用手遮着脸、迸出了泪珠说：

“噢！婆婆！婆婆！”她心碎地呜咽着，“没有人可以使你能再看见？”

这妇人尝试着安慰她，但是，虽然海蒂很少哭泣，但她对悲伤的感觉像对快乐一样。……

“亲爱的孩子，听着！我要告诉你一些事情。”她说道，并把海蒂的手拉在她手里。“当一个人看不见的时候，他可以听到所有比较快乐和善良的话，你的话使我非常快乐。”（贾馥茗译，1998）

沟通的“信息”包括“语言”和“非语言”，前者指沟通的措辞和内容，后者指身体语言和语音声调。传递信息时，语言和非语言同时运用、相辅相成。有效的沟通，能使对方接受信息并且感到愉快。反之，不当的沟通，多因“信息”运用不当，如：态度粗鲁、音调不耐烦、乱开玩笑、作弄，甚至伤害别人，使沟通对象不能接受且感到痛苦。

二、人际沟通的迷思

“迷思”是指似是而非，却又根深蒂固的观点。人际沟通的迷思会增加沟通困难，妨碍沟通能力的成长。有哪些沟通迷思呢？

（一）“只要我喜欢，有什么不可以”

“幼稚”“任性”的人常过于以自我为中心，只从自己的角度看事情，“不愿”了解别人的立场。容易与人“话不投机半句多”，或因“有话直说”（口不择言），而有意无意地伤害到别人。

（二）“牺牲小我，成全大我”

某些人恰与上述相反，为了博取友谊而拼命压抑自己，严重时甚至“否定自己”。误以为“迁就别人”就能平安无事，不想表达己见而成为“麻烦人物”。但这样的牺牲（或不真实）只会造成更大的隔阂，未必能获得友谊与尊敬。

（三）“能忍自安，息事宁人”

“忍耐”向来是国人推崇的美德，但也造成更多“不公不义”，因为“既得利益者”巴不得“受压迫者”没有意见。如果不争取自己应有的权利，占上风者不可能会为了维护你的利益，而牺牲自己的利益。

（四）“对方没有诚意、不可理喻”

许多人觉得沟通中断的理由，是“对方没有诚意”。但这样将责任推给别人，只是自己缺乏沟通勇气、意志不坚定的借口。因为“害怕”与对方沟通后，

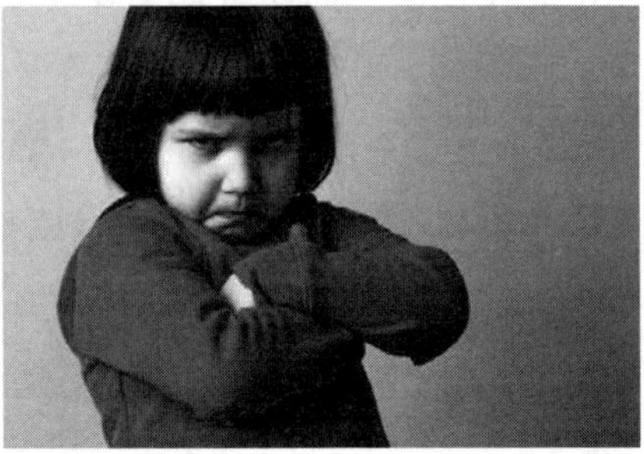

图3-4 善用肢体语言，将有助于与人沟通，反之，则徒然产生沟通的障碍。（图片来源：ShutterStock）

会动摇自己的立场，所以先怪罪对方“不可理喻”。

（五）“冲突是不好的，要尽量避免”

人际冲突的客观说法是彼此的“不一致”，但人与人之间意见、感受、态度不同，是很正常的现象，唯有通过沟通、取得共识，才能减少“不一致”的差距。

其他沟通迷思如“天生嘴笨”“女人家小心眼”“防人之心不可无”“靠自己，不该麻烦别人”等，被过度推论即会阻碍沟通能力的成长。

第四节 人际沟通的变通方式

人际沟通不仅为了“讲得通”，更求“双赢”。不是被动等待别人增进我的幸福，而是主动用心为别人增进幸福。有效的沟通得靠巧劲，所谓“运用之妙，存乎一心”。巧劲并非“心机重”或“深不可测”，而是“选择”较能达成目标的沟通方式。某种沟通方式行不通或效果不显著，就换其他方式试试（“穷则变，变则通”）。不可操之过急，一种沟通方式可能要试好几次，经过时间酝酿才能逐渐奏效。以下即“抛砖引玉”，举出一些双赢的沟通技巧，刺激大家“动动脑”“举一反三”，想出更多有效的方法。

一、直接或间接沟通

“鼓不打不响，话不说不明”，多半的状况可以直接、明确表达自己的态度，以避免别人误解或事后自己觉得委屈、懊恼。然而若要指正别人的缺失、涉及他人隐私时，则要“规过私室”，不宜公开说出，以免侵犯别人、伤及对方自尊。或采取“网开一面”“打草惊蛇”的迂回战术，不要正面攻击，以免别人因“自我防卫”而抗拒。当我们想要向人提出某些要求，或说些“较难开口的话”时，“间接沟通”有较大的缓冲空间。

二、口头或文字沟通

沟通除了当面的“说”，还可辅以书面的“写”，如书信、卡片及电子信息等。有时“写”比“说”有效，因为有些话不方便说、不好意思说、说不清楚，或说了会引起误会，就可以改用“文字”。“写”可以仔细思考、反复斟酌，写不好还可以“删除”重写。

现代通信发达，人手一部智能型手机，但也因此降低了沟通的精致度，随手就发送“短信”。如今谈恋爱，很少人愿意情意绵绵地写七八张“情书”了。其实，文字沟通仍有其优点，能把想说的话尽情流露，最大的优点是有足够的时间“决定”要不要把话“传送”出去。

三、当面或不出面沟通

“见面三分情”，“面对面”说清楚比较好，但有时因彼此有成见或误会，若一时情绪失控，“撕破脸”会更难沟通。此时换个方式，请其他有影响力、说服力的人出面调解，比直接“硬碰硬”效果更好。挑选合适的人“出面”，也是一门沟通艺术。或者透过电话沟通，也可减少“见面”的尴尬，避免更大的冲突（不愉快时顶多挂掉电话，不致大打出手）。

四、语言或非语言沟通

语言沟通是指透过语言、文字来传递信息，也就是着重在说话或书写的内容，包括用字遣词的状况。不同的说法及用语，即可能产生截然不同的效果。

非语言沟通则是“眉目传情”，或拍拍肩膀、握握手、给予拥抱等动作，以及语音声调的变化。有时只是“倾听”、默默地“陪伴”，也能使对方感到安慰与温暖。

“佛要金装，人要衣装”，穿着打扮也是一种沟通。不同的场合要有相称的穿着，以示尊重自己及他人。另外，仪态、声音也会影响沟通的效果；有些人虽然口拙，但态度诚恳、谦虚，经常面带笑容。若又热心助人，必能赢得大家的敬爱。反之，若自恃才高位重，对人“大小眼”或“不正眼看人”，即会令人不悦、不服。现代公司愈来愈注重员工的服装、礼貌、说话方式，即因员工的服务态度，也是“产品”销售的重要环节，所以要显现出“专业度”。

图3–5　微笑是最好的沟通语言。（图片来源：ShutterStock）

五、精神或物质沟通

沟通除了精神的支持、鼓舞及建议，若加上物质层面的表达，定能加强效果，如用心挑选或制作的礼物、定期聚餐等。为某人举行的庆生会、感恩会、欢送会、惜别会等“仪式”，也能使人感到贴心及印象深刻。

“重赏之下必有勇夫”，奖赏要兼重精神（奖状、奖杯）与物质（奖品、奖金）层面，效果才会持久。人际沟通亦然，若只停留在精神层面，“不食人间烟火”的状况下，无法“存活”太久。爱的礼物也是爱的一种表示，子女由礼物中感受父母的爱。父亲节、母亲节，父母也渴盼子女所送“爱的礼物”，让他们得以骄傲兼炫耀。

六、进行或暂缓沟通

有时我们要鼓起勇气试着沟通（包括道歉、说服、建议等），以突破困境、解决问题。但有时也要沉住气——暂缓沟通，以免愈描愈黑。尤其在情绪激动时，少说两句、冷静下来，“三十六计，走为上策”；待双方都较理智时再行沟通，效果更好（等待的时间有时需要很长）。

有时“不沟通”比“沟通”来得明智，如：自己或对方正在气头上，最好“忍、忍、忍”。因为“气话”只是“脱口而出”的情绪宣泄，不理智的“气话”杀伤力很强；互相攻击之下，必然“两败俱伤”。

七、公开或私下沟通

夸赞或恭喜应“扬善公堂”，使对方更感荣耀。反之，批评或安慰就不可公开，以免对方承受不了周遭的“十目所视，十手所指”（社会压力）。公开批评会遭到对方怨恨，破坏彼此的人际关系。

私下沟通是工作上常说的“非正式沟通”，职场上想要工作顺利，就需要其他单位的支援；若凡事都留待会议时协调，会给人强迫合作的感觉。若能事前多虚心请教，会议上即可“水到渠成”。

除了上述技巧，其他如“平时沟通”“长期沟通”“分散沟通”“精致沟通”（写信或卡片）等，都可避免“平时不烧香，临时抱佛脚”之弊。成功人物非常注重沟通，沟通方式与技巧，常令人叹为观止、自叹弗如。如：

1. 逢人就笑。

2. 多打几个感谢的电话（或发信息）给亲朋好友。

3. 多打几个关心的电话（或发信息）给需要的人。

4. 打几个电话（或发信息）给久未联络的朋友。

5. 向配偶说些贴心温柔的话。

6. 向部属虚心学习，发现其可学之处并予以尊敬与赞扬。

7. 向领导虚心学习，发现其可学之处并予以尊敬与赞扬。

8. 众生平等，广结善缘，不造口业，不说人坏话。（郭腾尹，1996）

我们不必“刻意”“勉强”自己仿效成功人士的做法，只要有颗诚恳、谦虚及自省的心，就能找到适合自己的方式。现在就从家人、朋友、主管开始，练习及增强人际智能吧！

问题与思考

1. 以下各项是否为自己沟通上较弱的部分？请勾选至少三项，并说出自己的改善计划。（参考答案及建议改善计划，见本书附录）

（ ）（1）未能及时表达内心的感谢或其他意思。

（ ）（2）脸上藏不住对人“不以为然”或厌烦的表情。

（ ）（3）对人的赞美不足（尤其对家人）。

（ ）（4）面对“强硬派”人士常感到不知所措。

（ ）（5）对人的关怀、热情不足。

（ ）（6）不善于与人聊天。

（ ）（7）与某些人沟通不良的状况，一再恶性循环。

（ ）（8）与人交谈时感到不自在。

（ ）（9）无法拒绝别人的要求。

（ ）（10）人际冲突时控制不住自己的怒气。

（ ）（11）其他。

案例讨论

◆案例一

“忍耐”和“说气话”好像是两个极端，小晴却常在这两端摆荡。小晴的爸妈感情不太好，爸爸常说气话，妈妈则是一味忍耐。一个说太多，一个则什么都不说，这并未让他们有良好的沟通。小晴看不懂爸妈到底怎么一回事，但她发现自己跟同学相处时，有时像爸爸，有时像妈妈，同学看她的眼神也怪怪的，小晴该怎么办?

◆案例二

阿晟与立维是同班同学，本来没有特别的交集；但因系主任找了一些同学分担产学项目的工作，阿晟担任小组长，所以与立维有了共事的机会，但摩擦也逐渐增多。立维开会时不仅迟到而且不专心，分配的工作常丢三落四，并且迟交，让团队急得跳脚。阿晟曾公开指责过立维，立维非但不认错，而且愈来愈不服从阿晟的指挥。如果你是阿晟，会怎么做?

第四章 倾听与同理心

我现在有多难过、多生气，你一定不会懂……
还是说出来吧！虽然我不一定能体会，但我愿意听，然后我们一起想办法！

● 人际金言 ●

你说我像云，捉摸不定，其实你不懂我的心。
你说我像梦，忽远又忽近，其实你不懂我的情。
你说我像谜，总是看不清，其实我用不在乎掩藏真心。
（陈桂珠作词、童安格作曲：《其实你不懂我的心》）

这首歌曾非常流行，道尽人们“不被了解”的痛苦与原因。如今人与人之间仍因“不被了解”而紧张、冲突、对立，如：亲子之间、师生之间、两性之间、上司下属之间……“不被了解”主要是因为“倾听”技巧不足。“倾听”是沟通的第一步，但多少人肯“专心”聆听？耐心听别人说话？用心听出话中真正的意思？尤其遇到“逆耳忠言”时，往往听不进去。台积电董事长张忠谋曾说，“听信息”比“讲话”累得多，“你听得愈仔细，就会愈累”。所以，听完了“累不累”，就是一个判断你收信能力高低的标准。

常听人说：“上帝创造人两只耳朵、一张嘴巴，就是要人多听少说。”但是一般人却“少听多说”，甚至“只说不听”。“听不懂”与“智商”无关，而是自以为是、存有偏见，也就是没有“同理心”。肯听、会听并不容易，如果善于倾听，就算我是云，也愿向你飘去；就算我是梦，也能被你看出内心的渴望；就算我是谜，你也会找到破解谜底的线索。

人们本来就不容易对人敞开心胸，让人轻易看穿。所以对于“三分熟”“五分熟”的朋友，“交浅”不敢“言深”。然而，若是家人、知己仍“遮遮掩掩”，不能以“真面目”示人，就是沟通上出了问题。与交情不深的人，有必要保持距离与神秘感；但亲近的人若还相互“猜心”“深不可测”，铁定是件坏事。关系最密切的人，相处不和谐时的伤害也最大。

谈恋爱若产生误会，常见男性忙不迭地解释，女性则半撒娇、半耍赖地说：“我不要听！我不要听！”这种小儿女式的打情骂俏，看似浪漫可爱，但真的不听解释，等到误会太深或真相大白时，就只能哀怨绝望地说：“我再也不要听你说话了。”不仅谈情说爱要学习“倾听”（多听、听懂），与其他人相处，“倾听”的质量也会直接影响人际关系的好坏。

图4-1 你有多久没有认真地“倾听”了呢？（图片来源：ShutterStock）

第一节 倾听与同理心的意义

沟通专家一致认为“听比说困难”，因为人际交流中，人们往往在意自己要说什么，却不太关心别人说什么。人们希望把握时机多表达自我，却不在乎别人说了多少，甚至没耐心“纯听话”（只听不说）。有一个简单的技巧——“五分钟法则”，有助于增加倾听的质量。方法是：轮流倾听对方说话五分钟，这当中只能听，不能插嘴或询问。实施后发现，即使仅是短短的五分钟“只听不说”，都不容易做到。“倾听”真正的困难不只是不打断、让对方畅所欲言，还得真正了解对方“要”说什么（包括话中隐藏的意思），将它回应或反映出来，这时就需要“同理心”。

“倾听”是指专心地听，“同理心”是指“将心比心”“感同身受”。“同理心”是“倾听”成败的关键，不具同理心的倾听，是无意义甚至有反效果的。如同狡辩或争执时，只是挑剔别人或找出对方的错误。人际沟通的倾听技巧须以“发信者”为中心，努力掌握对方“已表达”或“想表达而未表达”的重点。同理心是为了正确了解对方的心理状态，了解愈深层，沟通会愈顺畅、有效。

一、倾听的意义与重要

什么是“听”？什么是“倾听”？

所谓听，包括接收口头信息和非口头信息两部分。也就是

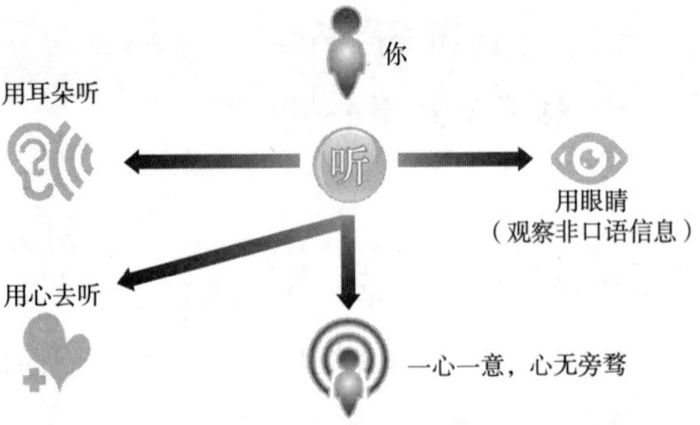

图4-2 听的技巧

资料来源：R. B. Adler，《心声爱意传千里——如何增进沟通》，第136页。

说，“听”不仅指“察言”，还包括“观色”。（韩进水编译，1992）

倾听包含集中注意力、有兴致、关怀、用心体会、确认、察觉，然后表现出感动以及欣赏。（M. P. Nichols，1998）

很多人无法扮演好听众的角色是因为：他们发现自己对发言者的感受做评断，或者建议发言者应该怎么办；他们在意的只是自己对发言者的内在感受。而一名“有效的”听众，应将注意力从自己的感受，转移到对方心中所感所想的独特情绪上。……有效的倾听中，你应完全接受别人的感受。（J. L. Creighton，1991）

从造字来看，“听”字包括许多重要的技巧。

倾听不仅用耳朵，还要用眼睛观察，更重要的是“用心”，包括专心、关怀、感兴趣的态度，以及努力体会对方心中的独特情绪。倾听是接纳而不评断，是在意对方而不是关心自己，是反映他的情绪，而不是给予劝告或建议。

被倾听、被了解，是一件很幸福的事，因为：

> 一旦你能说出自己心中所想，有人听了、有人注意了，你就觉得轻松了！仿佛身上的某个痛处或痒处，一下子没了。……被忽视或沉默是很痛苦的。（M. P. Nichols，1998）

倾听具有“疗效”，只是倾听、什么事也不做，就能协助对方解决问题。因为，在倾诉的过程中即可“澄清”问题、“洗涤”情绪、“重整”思绪，最终能清楚辨识问题的严重程度，甚至发现根本不是问题。

倾听当中包含四个关键点。

（一）专心

指集中注意力，肯花时间聆听。不是敷衍了事，让对方觉得我们不想听，因而说不下去；或觉得不受重视，因而不愿意倾诉。

（二）努力

这份努力包括，表现出倾听的兴趣及对人的关心、欣赏；鼓励他继续说下去，并协助他表达“不会说”“不肯说”“不敢说”的部分，甚至是不太清楚的内在感受。

（三）传达

发信者所传达的不仅是口语，还包括非口语部分。所以我们不仅要“听”他说什么，还要“看”他说什么。也就是说，同样的说话内容，配合不同的肢体动作（态度）与口吻（语气、语调、音量），所代表的意义即不同。

（四）意思

说话者的意思常不只是说出口的，还包括“欲言又止”的部分。不仅是明确的意见，更包含隐藏的内在感受与需要，这层意思若不用心倾听，即无法掌握。为什么倾听要以说话者为中心？因为对方希望你能了解与关心。少了与别人分享和分担的机会，快乐就不值得雀跃，痛苦会更加深沉。

倾听是人际沟通的起步，是促进人际关系的催化剂。农业社会里，家人、好友经常聚在大树下、庭院中“闲聊”。而今工商社会、信息时代，人们大都透过文字（主要为计算机网路）、电话等间接沟通，愈来愈少面对面地直接接触。多数人“无事不登三宝殿”，很少单纯闲聊。家人、好友间的谈天说地逐渐“罕见”，更遑论“谈心”。因此，人际间的心理距离愈来愈大。

二、同理心的意义与重要

同理心是指对别人情绪感受的觉察，包括敏锐性与正确度。缺乏同理心即指对别人“感觉迟钝”，甚至毫无所觉。或“主观”解释别人的感受，其实却是误解、曲解，使对方觉得“更不被了解”。以下举一则笔者的亲身经历：

小时候我随母亲参加喜宴，在白斩鸡上桌前，母亲恰好有事离开一下，无法实践帮我“抢到”一只鸡腿的承诺（当年社会普遍贫穷）。眼看另外两位妈妈将鸡腿夹进自己孩子的碗里，我的眼泪忍不住掉了下来。旁边一位长辈看到立即啧啧称奇：“哇！淑俐好孝顺啊！担心妈妈待会儿回来没有鸡肉吃，难过得都哭了。哇！这个小孩真懂事！”大家听了也同声附和（当时的民风真淳朴），我虽觉得那位阿嬷“曲解”得太离谱，但也乐得顶个“孝顺”光环，不知不觉忘了鸡腿肥美的滋味。

“曲解”“误解”通常不如上述例子那么“善良”，往往是抹杀对方的善意，故意颠倒是非，结果引起更大风波、留下深深的落寞。最常见的是亲子之间，父母将孩子的独立自主“曲解”为叛逆顶撞，孩子也将父母的关怀责任“曲解”为权威霸道，致使最亲近的人往往“距离最远”，难以心平气和地交谈。

同理心的发挥，不仅从对方说什么来了解，更要从对方的非口语信息来“体会”，较玄妙的说法为“建立默契”“心灵感应”。最高的境界不仅是“感同身受”，还能比当事人更了解当事人。心理辅导非常强调同理心的运用，让受辅导者有“安全感”地倾诉心事；知道辅导员关心他，愿意和他站在同一阵线（心灵“合而为一”），共同解决问题。受辅导者得到一个了解他、不会取笑他，很好沟通而且冷静、理智的“好听众”，问题自然容易解决。

同理心源于一个德国心理学名词einfulung，字面上的意思是“感觉进入”。希腊字pathos是其字源，指的是一种类似于受难中产生强且深的感觉。……这个字与“同情心”（sympathy）是平行的。但是“同情心”意味着“与……共同的感觉”，容易导致伤感。而“同理心”代表着一种人格之间相互认同，是较为深沉的境界……暂时地失去其人格的主体性，……人与人之间的相互了解、影响，以及其他重大的相互关系因而产生了。

“同理心”或是“移情作用”，是某一个人的感情或思想进入了另一个人当中，直到达成某种程度的融合与认同为止。（Rollo May，1991）

同理心的关键或困难包括以下几个方面。

（一）暂时忘记自己

要投入别人的世界，得先暂时忘记自己；真正的同理心，没有时间回忆自己的经验。暂时忘记自己也非刻意、勉强，而是当我们投入别人的思想与感觉，到达某种程度、几乎“变成”对方时，自然就会忘记自己。

（二）达到某种程度的融合与认同

人的主观性，使人与人之间容易产生差距；愿意“放弃”自己而与别人融合，是一件不容易的事。人际冲突往往因为大家都站在自己的角度，不愿意了解对方的立场。抱怨别人不了解自己时，其实自己也不愿“将心比心”地了解别人，导致“悲剧”一再重演，最终造成人际关系的破裂。现代社会因个人主义与自我中心，使得离婚率及伤害犯罪日增，实在可惜！

（三）感觉进入

“感觉”是指情绪状态，“感觉进入”则为觉察及辨识对方的情绪。同理心与同情心不同，同情心只会导致伤感，同理心则不仅产生类似“受难”的深沉感受，还能建立相互了解与影响的关系。仿佛对方的苦难就是自己的，帮助对方等于帮助自己。同情心是短暂的感受，是怜悯对方所受的苦难，却未打算一同承担。同理心不仅正确辨识对方的情绪状态，还要持续关怀与付出，以减轻对方所受的伤害。有名的童话故事《卖火柴的小女孩》，看完若升起“不要再让类似悲剧发生”的心情，从此多参与公益活动、积极关怀别人，这就是同理心。而不是只同情地说着：“小女孩好可怜。”然后自己继续大吃大喝，生活毫无改变。

第二节
倾听的多重障碍与突破

倾听是人际沟通的起步，然而人与人之间为什么会“话不投机半句多”？倾听的障碍为何？如何才能突破？

一、倾听的多重障碍

有些人根本没听或不肯听，如阿德勒归纳的状况（R. B. Adler，1988）。

1. 假装在听：装作一副认真专注的样子，心中却想着其他更重要的事情。

2. 滔滔不绝：只有兴趣表达自己的意见，不关心别人所讲的话。

3. 选择性地听：只听有兴趣的内容，只对部分内容做反应。

4. 绝缘性地听：不喜欢的话题一被提起，就关闭耳朵不听。

5. 埋伏性地听：只为了搜集资料而注意听，进而攻击别人。

6. 迟钝地听：听不出言外之意、弦外之音，只听到表面的意思。

另外还有：息事宁人地听、断章取义地听、口是心非地听、挑喜欢地听、反驳式（辩论式）地听等，都是倾听的障碍。

面对上述状况，我们会慨叹：

1. 我不想说了，因为我不想让你知道我的“秘密”。

2. 我想向你倾诉，你却没时间或不肯坐下来听我说。

3. 我要“你听我说”，你却说得比我还多，变成“我听你说”。

4. 我说的时候你经常打断，从没好好让我把话说完。

5. 我说完之后，你狠狠“批判”一顿，让我后悔对你说那么多。

6. 无论我怎么说，你都听不懂。因为你永远只以自己的立场来解释一切，不能接纳别人的观点。

7. 我只希望你默默地听、静静地陪伴，你却安慰、鼓励、建议了一大堆，这些恰好是我最不想要的。

8. 我诚心诚意地表达，你却敷衍了事地听。

要增强倾听能力，须避免触犯“倾听十戒”（韩进水，1992），即：

1. 不要假装听。

2. 非必要时不要打断别人的话。

3. 不要带着偏见听。

4. 不要匆忙做结论。

5. 不要使自己陷入争论。

6. 提问不要太多。

7. 不要对讲话者说："我很了解你的心情。"

8. 对带有情绪的话不要太敏感。

9. 别人没有提出要求时不要出主意。

10. 不要以沉默代替听。

说话者能否持续说，依倾听者的态度而定，如：听话者易于分心、不太有反应或反应过度。聆听后的回应不恰当，尤其是批判式，会使倾诉者原本不愉快的心情遭到"二度伤害"，阻断了后续的沟通。

二、倾听的突破

"人为听障"会破坏人际关系，所以有必要学习倾听的技巧。

（一）倾听的历程

"正确地听"不仅是专注、耐心地听，更重要的是"听对"及"听懂"。听完之后要"反馈"，以"检验"是否与对方传达的吻合。发现有误，由说话者"更正"后，倾听者再次回应。若没听错，说话者予以"确认"。倾听的完整历程如下：

倾听历程的关键在于"反馈"与"验证"，收信者不是被动地听，而是负责任地听，要"确认"是否听对，才能依发信者的需求而予以回应。

美国著名的"教师效能训练""父母效能训练"课程，规划者汤麦士·哥顿（T. Gordon）认为：真正的倾听是"积极聆听"（active listening），使学生或子女的情绪感受得到尊重、了解与接纳。倾听的困难在于：情绪感受本身是无法传达的，必须依赖语言信息。所选

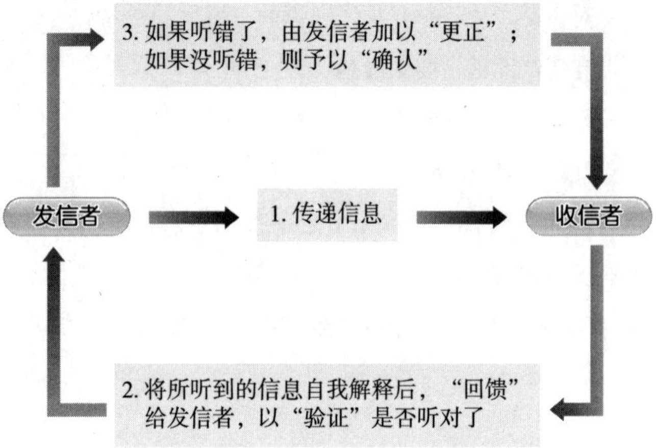

图4-3 倾听的历程

择的信息为“信码”，传达的历程为“译码”，将内在感觉与情绪译为“信码”。发信者的“译码”，不一定能或愿意完全表达内在的感受，透过收信者“译意”——解释发信者的信码，又多了一层隔膜。也就是说，发信者已经有所保留或以特殊方式表达，收信者又仅从语意表面来解释，就更不能了解对方真正的意思及问题所在。这部分在上一代与青少年的沟通中最为明显，青少年的译码方式非常特殊，父母师长常捉摸不到弦外之音，长久下来，“代沟”就愈来愈深。

为避免这种问题，父母师长须学习倾听的技巧，不仅要专心、不打断地听，努力体会及掌握青少年传达的意思（这仍只是消极聆听），更要“反馈”（feedback）或“回应”（reflectback），向青少年求证自己的了解是否正确。若知“译意”有误，发信者才有机会“校正”，使彼此达到真正的了解。积极聆听的历程如下图所示：

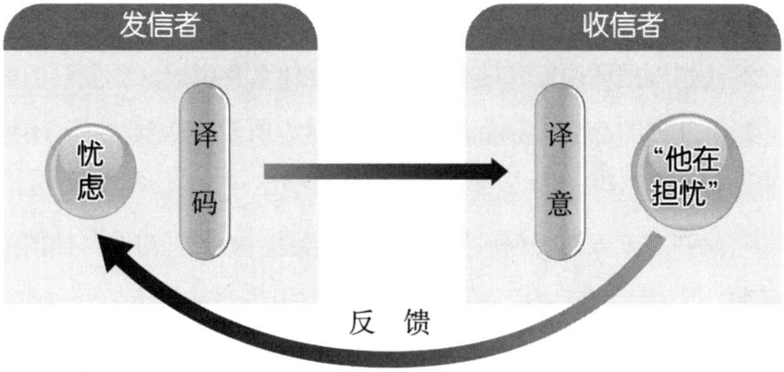

"你担忧马上就要考试了"

图4-4 积极聆听的历程

积极聆听在了解对方真正的感受与困难，并激发其自行解决问题的动力。即使暂时不能解决，至少提供情绪发泄的通道，让他有地方求援或寻求支持，觉得自己并不孤单。从心理辅导的角度来看，有问题时只要有可以倾诉的对象，就能使压力得到纾解。若平时没有谈话对象，又"逞强"不求助，问题就容易因胡思乱想而扩大。

要掌握对方的内在感受，需要非常用心接收语言及非语言信息。接收后不要太快及武断地回应，以为自己了解对方；最好问几个问题或以一些简单的措辞来反映，如："你觉得""听起来你……""似乎""可能"等。或先致歉："如果我猜错了，请你告诉我"，避免用断然的口吻回应："我认为……"如果真的不太能感受对方的内在世界，可以诚实地表达："我真的难以想象你的痛苦，但我要你知道我很关心你。"

（二）倾听的态度

要使对方说得下去、说真心话，倾听的态度非常重要，包括：

1. 愿意花时间倾听，不要认为是浪费时间。

2. 让别人把话说完，鼓励他想想还有什么要说的。

3. 以开放的心胸（open mind）接纳对方所说的话及情绪，不做任何的批判。

4. 允许对方表达任何属于他的情绪感受，不要害怕及阻挡他的情绪宣泄。

5. 彼此的地位平等，倾听是为了更了解对方，而非驳斥或教训对方。

6. 发现自己情绪不稳定或不耐烦，最好暂停沟通，但仍要注意礼貌。

7. 尊重别人的隐私，不要将听到的事随便传递给第三者知道。

（三）倾听的准备与步骤

1. 适宜的环境与时机

（1）安排较安静、舒适的环境（包含座椅）。

（2）选择较从容、适当的谈话时间（也是对方同意的）。

（3）当对方不愿倾诉时即停止，不要勉强。

2. 必备的非语言行为

（1）身体面对发信者，略向前倾，眼睛注视对方，表示自己已准备好要专心倾听。

（2）适度地点头或回应“嗯”等口吻，让对方知道“我了解你在说什么”。

（3）表情随着对方的描述而有适度变化，让对方感受到关心，但不宜有夸张或奇怪的样子。

（4）表达出乐于协助对方的热忱，身体姿态放轻松，不要看起来有戒心。

（5）保持适当的身体距离，视线平行，不要紧盯着对方，以免产生压迫感。

3. 适切的语言行为

（1）可以“重述”“归纳”对方的感受，但不能批评、说教。

（2）运用各种形容词“描述”对方的感受，以确认了解其心情及强烈程度。

（3）以提问的方式，鼓励对方把不完整或可再深入的部分说出来，但不可质问或挖人隐私。

（4）把观察到的信息（含非口语行为）或象征的意义“反馈”给发信者，“综合”出对方完整的感受。

台湾“清华大学”前校长刘炯朗为文《教养和教育》（《联合报》E7版，2006年1月27日），在倾听方面，他说：

> 一个有教养的人，会小心、耐心聆听别人讲的话。一个有教育的人，能够了解、吸收别人讲话的精髓。

由这段话可知，“倾听”是利己利人的沟通技巧，不仅表达对人的了解与支持，也可吸收他人说话的精髓而自我成长。

第三节 同理心的困难与增进

丹尼尔·高曼在所著《EQ》一书中，提到“同理心”的价值。

人的相互关怀源自人溺己溺的同理心，关怀就是设身处地、将心比心。

同理心是道德的基础，因为促使人们互相帮助的动力就是对弱势者的处境感同身受。……这种同情心可能构成青少年的道德信念，启发减轻世间不幸与不义的力量。

那些犯下惨无人道罪行的人通常都缺乏同理心，这是强奸犯、儿童虐待犯或家庭暴力犯常见的共同问题。正因为他们对受害者的痛苦视若无睹，才能以种种借口合理化其犯罪行为。（D. Goleman，2006）

所以，具有高度同理心才能帮助与你没有关系的陌生人，如佛教所说的“慈悲心”。真正的慈悲是关怀任何需要帮助的人，对弱势者的痛苦能感同身受，即所谓“无缘大慈，同体大悲”。偶像歌手孙耀威连续几年担任世界展望会“爱的面包”活动代言人，到越南游童之家探视贫童及街童时，看到孩子们贫穷、病痛、没有机会上学、被父母抛弃，多次红了眼眶。他尽力以歌唱、踢足球、团体游戏等方式陪伴孩子，希望他们快乐，也希望更多人捐款帮助他们。世界展望会的另一项活动“饥饿三十”，透过断食三十小时的“饥饿感”，产生对非洲饥民“感同身受”的同理心。

一、同理心的层次

卡弗（Carkhuff）将心理辅导的同理心技巧分为两个层次，即：初层次同理心（primary level of empathy）与高层次同理心（advanced level of empathy）。前者指对当事人明显表达出来的意思及感觉，做一个基本的了解，适用于辅导刚开始的自我探索阶段，可协助当事人从自己的参照架构中，澄清自己的问题。高层次同理心则是更进一步，协助当事人对于自己及其问题，产生新的观点、新的了解。在初层次同理心，辅导员及当事人只着重表面、明显的意见及感觉；到了高层次同理心，则要协助当事人扩大视野及洞察力，找出真正的问题，即从前被忽略、扭曲及压抑的部分。

（一）初层次同理心

1. 只反映对方表面的感觉，虽未曲解其感受，但也未接受他所有的感受。

2. 以自己的经验加以反映，简短回答对方的问题，但未真正了解或深入对方的世界。

所以，初层次同理心是以坦诚开放的态度，接纳对方的感受，并反映所观察到表面的感受与问题。

（二）高层次同理心

1. 协助对方扩大视野，觉察暗示或可能忽略的深层、真正的感受。

2. 协助对方辨识问题所在及重点，并深入探讨，使真正的问题“浮出台面”。

以心理辅导来说，由低至高的同理心可分为四个层次：

1. “层次1.0”：咨询师反映的内容和当事人所谈的不同，并不了解当事人最表面的意思与情绪，也忽略当事人想法与行为的差距。只是被动接受当事人消极的行为，不想和他有进一步的关系。

2. “层次2.0”：咨询师只反映当事人部分的表面感觉，并没有真正了解当事人的说话内容，只依自己的经验加以反映。

3.“层次3.0”：咨询师能反映当事人说话的感受，未曲解其内容。能以开放坦诚的态度倾听，但对他所提的问题尚未能给予指点。

4.“层次4.0”：咨询师不只反映当事人说话的内容，也了解其内在的感觉与意义。能清晰指出当事人想法与行为上的差距，并具体指出改善的方向。

图4-5 “同理心”是指设身处地地思考与感受对方的想法、感觉。（图片来源：ShutterStock）

由此四层次的进阶可知，层次3.0以上才算是具有同理心，但还须配合两项活动：“接纳”及“开放”。就像看电影，把自己投入剧情之中，随着演员表现及故事情节而感受；二是“在思考及感受之间摆动”，也就是刻意地“同理”，思考说话者的情况，他说的是什么？意思是什么？感觉又如何？（M. P. Nichols，1998）

“开放”的态度说来容易、事实不然，我们常以为了解对方，其实仍是自己的感受。为什么很难“为别人着想”？心理辅导强调开放及接纳的态度，“开放”是指客观、无偏见，“接纳”是指全盘了解、不评价。一般人未受过辅导的专业训练，容易受到说话者情绪的影响，不易保持冷静。且因“爱之深，责之切”，一听到亲人、好友有问题或感到痛苦时，即忍不住责备、劝告、帮助，自以为这样是“为了他好”。万一对方不领情，就会引发冲突。

再者，咨询师只需倾听，与发信者的关系是单方面的。一般人不仅扮演倾听者、了解者，也需要对方的倾听及了解。若倾听的素养较弱，又不愿意“只”扮演了解者的角色，要沟通就不容易。当一方发脾气或批评另一方时，彼此就难以心平气和地互动下去。同理心常被防卫心遮蔽，无法自我开放、接纳别人。咨询师容忍且鼓励当事人表达甚至宣泄不愉快的情绪，然而一般人际互动，不愉快的情绪常不受欢迎，受到压制甚至遭到反击。同理心的方向或技巧包括：

1. 尽力揣摩对方所有的情绪，并将这种了解“描述”出来，让对方知道有人支持他，与他站在同一阵线。

2. 尽力接纳对方所有真实的情绪，不压制、不评论；还得控制自己的情绪，遇到对方宣泄情绪，甚至自己成为“出气筒”时，却能冷静下来，“就事论事”地倾听对方想表达的情绪及内心迫切的需求，不会“情绪化”地反击。

3. 被对方激怒时，先处理自己焦虑、抗拒的情绪，鼓励自己面对那些想要“别理他”的做法。要解决的是“彼此的”问题，而不是他在乱发脾气。

乍看高层次同理心似乎比初层次同理心更有价值，但其实辅导或沟通一开始就使用高层次同理心，会把对方“吓跑”。而且高层次同理心有相当的难度，一般人不一定能驾轻就熟、运用自如。所以，人际沟通仍以初层次同理心为开端及基础，赢得对方的信任或确定自己有此功力后，再提升至高层次同理心。

二、同理心的练习

同理心的培养，可通过下列两项“功课”达成。

（一）同理心的“句型”练习

刚开始可采取“你觉得……因为……”的基本句型，但对话不能一直如此，会显得机械化，说不定还惹得对方生气。可变换表达方式，只要当中具备了“你觉得”及“因为”的部分即可。最后还是要用自己的话语，以自然的方式反映你的感觉。例如：

一位个子不高的高中男生说：“那些女生真的很肤浅！只看人的外表。上次班际联谊，她们只肯跟豪哥那种高高瘦瘦的人讲话，对我们这一类型就爱理不理，其实我们也有很多优点啊！”

1. 传达同理心的基本句型：“你觉得很生气，因为那些女生太重视外表，忽略了其他男生也有很多优点。”

2. 传达同理心的非基本句型：“有些女生只看男生的外表而忽略内涵，实在让人生气。”

3. 用自己的话语传达同理心：“有些人的外表虽不出众，但相处久了一定会发现他许多优点，比单靠外表好得多。我相信你以后一定会碰到懂得欣赏你的女生，现在为了这些女生的表现生气，蛮不值得的。”

（二）情绪感受的辨识及描述

前述“你觉得……”的句型，看似简单，实际上却有难度。因为从对方的言语当中，有时辨识不出到底有何种情绪。情绪辨识对国人来说颇为困难，因为我们从小不被鼓励表达真实的情绪，被迫要隐藏、压制内在的感受。当我们听别人说“好累喔”“头好痛”“我感冒了”“怎么办”等话语，除了回应“休息啊”“多喝水啊”“看医生啊”“试试看啊”就无计可施，遑论给予精神支持，使别人好过一些。以笔者的例子来说：

> 有一阵子流行性感冒盛行，感冒症状颇严重。先生在高雄工作，每周五回台北，他连着两周都因感冒而懒洋洋、病恹恹，甚至脾气也变坏了，整张脸显得僵硬、没有笑容。当我再次唠叨：“既然感冒了，就要看医生、多休息啊！光在那儿生闷气有什么用？”他的回应是：“太太！其实我的感冒没有那么严重，我的脸色难看是因为心情不好，心情不好是因为你一点都不了解我。当我说：‘我感冒了，头好痛！’并不想听你说：‘那就去看医生啊！吃药啊！’我需要的不是打针吃药，而是你的温柔体贴和陪伴啊！”

所以，我们要练习从别人的字句及非口语行为（表情、肢体动作、声音），“揣摩”他真正的情绪感受，并试着描述出来，以“验证”是否猜对了。最实际的方法是询问：“你是不是觉得很受挫折？很无能为力？很沮丧？……”现在开始学习及熟悉那些代表情绪感受的词汇吧！例如：受伤害、不被接纳、很迷惑、有罪恶感、被拒绝、有自卑感、绝望、无助、寂寞、被击倒、放松、温暖等。

问题与思考

1. 你和家人、朋友常聊天吗？你会向父母、老师倾诉心事吗？为什么？

2. 你觉得现代人“倾听”的习惯或素养足够吗？若不足够，下列何者可能是原因之一？（参考答案及解析，见本书附录）

（　）（1）同理心不足，或自以为了解对方的“假同理心”。

（　）（2）说得多，听得少。

（　）（3）一直低头刷手机，不专心倾听或看来没有兴趣。

（　）（4）意见不同时容易变成争论，而且情绪愈来愈激动。

（　）（5）“道不同，不相为谋”，因立场不同而无法沟通。

（　）（6）听不出重点，或不在意说话者的感受。

（　）（7）没听完即打断或插嘴，甚至开始批评与说教。

（　）（8）不尊重个人隐私，会把别人的私事随便传播出去。

（　）（9）其他。

案例讨论

◆案例一

阿德觉得自己很孤单，因为是独生子，从小没有年龄接近的手足可以对话。加上爸妈很忙，阿德常待在托管班、补习班，跟父母也不太说话（好像也没话题）。他没有特别好的朋友，遇到学校或升学相关问题时，没有人可以倾诉。而今，他又面临生涯抉择的困惑，从小到大爸妈都说相信他的选择，但他真的好希望有人可以好好听他说。小时候起与父母就没有太多交谈，现在更不知要怎么跟父母说，阿德该怎么办？

◆案例二

小茹的家庭环境不错，从小到大，想要买东西、看电影或出国旅游，大都能如愿。听到佳佳说她很少买衣服、从没有出国，觉得很不可思议。尤其知道佳佳的爸妈很早就离婚了，单亲妈妈要带大三个孩子非常不容易。小茹很同情佳佳，想送她一些自己的衣服，想请她看电影。如果你是小茹，会这么做吗？或有其他的做法？

第五章

赞美与鼓励

模拟面试中~

虽然还有进步空间，但你的一些面试技巧很好，连我都想学呢！再分享一些我的经验给你参考吧！
能得到这样的赞美，说不定我真的很不错唷！
履历表
谢谢学妹的指导！

人际金言

良言一句三冬暖，恶语伤人六月寒。（中国俗谚）

“金玉良言”是形容言语的价值如同黄金玉石，所谓“听君一席话，胜读十年书”。可惜“良言”也如“金玉”一样稀少（惜言如金），一方面是人们吝于说“良言”，另一方面则因说恶语容易得多。批评、挑剔易如反掌，鼓励、赞美则需要宽宏的胸襟、观察入微的功力及助人的热忱。有人说“好听的话”，但却可能是不负责任的“口惠而实不至”，或夸大不实、言不由衷，更可能是别有用心、颠倒是非，成了“巧言令色鲜矣仁”，实在可惜！

美丽的谎言、奉承、阿谀、谄媚，都不是“良言”，这种戴了面具的“假话”，害处多多，使人活在假象的美好中，听不进“忠言”，甚至将忠言当成“恶语”。所以，听到赞美不宜过于陶醉，要冷静判断，抵制虚假的“良言”。“良言一句三冬暖”，真实的“良言”给人温暖，使人有勇气面对生命的“严冬”。

从教育观点而言，“在鼓励中长大的孩子满怀信心，在赞美中长大的孩子懂得感激”。自信与感激是可贵的教育目标，孩子的成长环境应有更多鼓励与赞美。然而，人性的弱点是挑剔、不满，善于看出别人的缺点，却自私地“见不得别人好”。

赞美是语言的钻石，鼓励可使美梦成真，都是佛家推崇的“语布施”，也是孔子所言：“有德者必有言。”君子“言而有信”“先行其言而后从之”，不会“空口说白话”。君子以“言语”助人，即“三不朽”中的“立言”（另两种为“立德”“立功”）。“新新人类”因成长环境较富裕及受到民主思潮的影响，有时显得“有我无人”，甚至以贬损别人为乐。如何多说“好话”，减少人际对立，成为现今重要教育目标之一。

第一节
赞美与鼓励的意义

赞美与鼓励相同吗？在一些同乐会或晚会上，当“业余者”表演时，主持人会说：“请观众掌声鼓励。”若害羞退缩、不敢表演时，主持人会强调：“大概是掌声不够，请大家用力掌声鼓励。”可见“鼓励”是针对表现不够理想、欠缺勇气与自信，需要旁人“推一把”的“凡人”。赞不绝口、叹为观止，则用在已有杰出成就的“不凡之士”。但有时对“凡人”的“平凡表现”也可以赞美，是期望他更有进步。赞美与鼓励都是为了帮助别人，赞美使人建立正向的自我概念，鼓励使人产生力量以克服困难。形成“自我概念”的过程中，“他人眼中的我”是重要的参考架构。个人对自己的优点和能力，可能认识不清或缺乏自信，非常需要外在肯定，予以“确认”。

鼓励的对象及用途比赞美更广。对于表现平平、“不出众”的人，若及时获得鼓舞，即能从失望边缘被拯救，逐渐表现出潜能，终有超乎想象、令人刮目相看的一天。

赞美与鼓励都是助人的“好话”，两者有何差异？如何相辅相成？

一、赞美的意义

赞美是针对别人的优点、长处、特色等，给予肯定，使人产生自信心及愉悦感。赞美的重要性或价值，不仅在于帮助对方形成正面形象，对于人际关系也有莫大助益。包括：

1. 对于较亲近的人，如夫妻、亲子、知己好友、师生之间，赞美是增进彼此关系的必要技巧。可惜一般人常将对方的付出视为理所当然，很少表示感谢、欣赏。若对方的表现未达自己预设的标准，即会表达不满与苛责。“亲密易生侮慢之心”，是“最爱的人伤我最深”的原因。我们常遗憾，得自亲密关系的赞美反而最少。

2. 对于一般人际关系，如工作伙伴、顾客、同学等，多看别人好的一面，才能增进人际和谐与团队合作。这时的赞美颇似“应酬话”，看似“无用”，却如老子所谓“无用之用”。杜威（J. Dewey）曾说：“人的天性中最明显的就是希望抬高自己。”所以多抬高别人，一定可以增进人际关系。

3. 对于不喜欢的人，赞美更是促进正向互动的关键。尤其在对方抱怨批评时，若我们感到讨厌、不耐烦，会使沟通更不顺利。不仅你不想听他说话，他也会感受到你的不友善。社会心理学研究证明：人们总倾向喜欢那些喜欢他们的人，反之也讨厌那些讨厌他们的人；喜欢引发喜欢，讨厌招致讨厌。所以，我们若不希望这种不愉快、不顺畅的人际关系持续下去，就得扭转原先只看对方缺点的态度，改为多看长处。

赞美最简单的说法是：增强正向行为。“增强”（reinforcement）是心理学行为主义学派的关键词，指重视、强调的意思。“正向行为”是指良好或期望的行为，以赞美而言，即为值得称颂的行为。是否值得称颂，即是我们愿否赞美的关键。较高及较狭隘的标准或较低、较宽广的标准，即会产生值得或不值得等截然不同的结果。这些标准相当主观，同一个表现因标准不同，对甲可能发出赞叹，对乙却是责备，对丙则毫不在意。赞美的困难不仅在技巧，更在赞美者的心态与动机。

以赞美者的心态来说，哪些状况会造成赞美的困难？

1. 误解了赞美的意义，以为是“巧言令色鲜矣仁”或别有用心。

2. 标准过高，对别人的表现不容易满意。以心理辅导观点而言，对别人不满，往往是对自己不满的投射。

3. 标准过窄，以为某些表现理所当然，不值得赞美。

4. 以为赞美即是评价，于是将赞美变成一种施舍或操控的手段。

5. 觉得有些人一无是处，找不出优点；或不该予以赞美，以免其高傲自大。

6. 自认不擅长赞美。

其实，赞美不仅是称颂明显的优点、杰出的表现，还包括欣赏、感谢、肯定等。即使别人的某些优点不明显，只要令人欣赏、赞叹，即可真诚地表达出来。这种表达不是“上对下”的评价，而是一份真心的感受。是看到他的用心、努力与进步，而予以“肯定”。当别人给我们方便及协助时，也应尽快表示谢意。父母师长对我们“用心良苦”，无论大小事都应对其表达感谢。此时，“以赞美代替感激”，就是最圆满的表达方式。

二、鼓励的意义

赞美运用于正向行为出现之后，表示欣赏、称许、感谢及肯定。鼓励则用在事前，为了引导、支持、敦促、激发其正向行为。鼓励不像赞美，有具体的事实、良好的表现可以褒扬。相反地，正因为表现不佳、没有表现或过往的失败经验、个性，使人欠缺自信。将期许与关怀化为鼓励，就能使他产生勇气、信心及动力。失败、沮丧或胆怯、害羞的人，特别需要鼓励。父母、老师、领导的鼓励，是给予子女、学生、下属的最好礼物。

蔡振南是位优秀歌星及演员，在一个专访节目中提及，他在失败痛苦时曾以毒品来麻痹自己。幸亏好友侯孝贤不忍见其自甘堕落，把他推荐给导演吴念真，演出“多桑”一角。蔡振南因感念朋友如此关心他，决心戒毒。他颇有感触地说：“鼓励是最好的良药。”在自己最落魄、情况最糟时，有人肯相信自己，愿意给他机会，是使他重新站起来的最大动力。锦上添花、与人同乐很容易，要雪中送炭、与人共患难，就不简单。

善于激励者相信：“不会有永远的失败”“人的潜能无限”“愿有多大，力就有多大”，即使对方失败或眼前没有好表现，仍会予以莫大的鼓励，使其增加自信与能力。反之，有些人短视地认为：“失败者永远是失败者”“别人永远不如自己”“人是被动的，不要太相信他”，因此就不愿鼓励别人，这也会抹杀对方“想做事的心”。韩非子说：“下君尽己能，中君尽人力，上君尽人能。”你愿意成为哪一种“君”（领导）呢？

鼓励可以出现在各种不同的情境。

（一）失败挫折时

失败挫折最易使人沮丧（丧志、消沉）、失去自信，非常需要有人安慰、支持、肯定、开导，使其相信自己，重新站起来并再试一次。所谓“失败为成功之母”，即是此意。

（二）遭遇困难时

“人生逆境十有八九”，面临逆境、阻碍时，有人熬不下去，就非常需要他人的督促、鼓舞、指导、了解，使之振作精神、克服困难。

（三）成功自满时

失败时需要鼓励（雪中送炭），成功时亦然。除了增添荣誉心、自尊感（累积足够的成功经验，建立坚定的自信），鼓励也是一种提醒，希望他“胜不骄、败不馁”及“精益求精”。

（四）自卑退缩时

自满时需要鼓励，使其保持冷静、“更上一层楼”。自卑时也需要，协助他找出自己的强项及可努力之处，争取后续的成功。不因失败而以为不如人，结果错失努力的时机。

（五）犯错失误时

犯错时难免因损失或伤害而愧疚、沮丧，因而害怕、退缩。鼓励是让他知道：失误不等于失败，无须过度自责（当然更不能推卸责任），只要记取教训、弥补错误，下次就能表现得更好。

（六）激发潜力时

人性的弱点是“三个和尚没水喝”，所以团队工作时，领导者即需运用激励技巧，使成员消极的不浑水摸鱼，积极的能良性竞争及互助合作，发挥“团队力量大于个人总和”的效果。

第二节 赞美的有限性与适切运用

赞美虽然人人爱听，但不当的赞美危害更大。如何表达得“恰到好处”，即为赞美的技巧。

一、赞美的有限性

赞美容易招致防卫及误解，使人怀疑赞美者的企图。聪明人会猜想：赞美的背后隐藏着什么要求？有时赞美的言辞含糊笼统，甚至“牛头不对马嘴”，让人觉得赞美只是随口说说、没有诚意，当然就没什么效果。

赞美可能是无形杀手。

（一）有条件的赞美

若赞美是一种接纳及肯定对方的表示，在对方达不到自己设定的标准时就不高兴。这种“条件式的”赞美，常出现在“望子成龙”的父母身上，以致子女为了讨好父母而患得患失、缺乏安全感。一旦无法讨好父母，干脆自我放弃。

（二）不真诚的赞美

赞美若另有企图、笼统而不具体，或是“明褒暗贬”，会使听到的人不觉得喜悦，反而有被讽刺、受伤害的感受。

（三）褊狭的赞美

只赞美某些人或某类行为，使这些人变得自大或反遭人排挤。当事人过度重视这些被赞美的行为，会忽略其他更重要的事。最常见的是父母师长过于赞美学业成绩优秀，使其忽略体能、人际关系等重要的身心发展。

（四）错误的赞美

人们常赞美（或夸大）某些天生、非努力的部分，如：外貌、聪明及家世等，使被赞美者误将那些天生的优势视为自我形象的全部，因而忽略后天、可努力的部分，如：内涵、用功及才能等。终有一天“青春不再”“江郎才尽”，即会丧失全部的自信。错误的赞美，也使那些先天条件不好的人，形成不必要的自卑感及嫉妒心。

不当的赞美有许多后遗症。

（一）产生莫名的优越感、虚荣心而不能脚踏实地

因为外表美好或天生聪颖而受人欢迎，以及课业表现杰出而考上明星学校者，常产生自傲心理，以为高人一等，不肯承认自己也有缺点，也听不进赞美以外的其他建议，忽略了自己也有需要改进的地方。

（二）太依赖他人的评价而不能自我肯定

不能冷静判断赞美的真假，一旦把别人的赞美当作自我形象的主要参考架构，会因太在乎别人的看法而失去主见，只想讨好别人，无法认识自己或独立思考。结果难以决定自己行事的原则与方向，使自己的快乐操纵在别人手中。

由于国人对于成功的传统标准，使考上明星高中、顶尖大学的学生得到最多赞美。身处“名校”的人神采飞扬，带着一身“傲气”，生怕别人不知道自己的“出身”。其实，现代企业愈来愈不迷信“名校”，除了高学历，更重要的是敬业态度及真才实学。且看下列这位老板对高学历的印象（胡子丹，《联合报》A15版，2007年6月4日）：

> 我从事出版和翻译工作四十余年，同事中不乏“台大”人，我的印象他们是才气十足、聪明，处处表现出一种傲气，而这傲气又好似天赋，一不小心就会流露出来。最使老板感到不安的是，很多“台大”人不诚实，在小公司里被录用时，明明讲好至少服务两年，有时不到半年甚至两个月就自动离职了。不幸的是我就是老板，所以最近二十年，我尽量不录用“台大”人。……我实在太爱“台大”人，所以我说了这些老实话。因为我的儿子我的媳妇也都是“台大”人，“台大”人的傲气他们二人都有！我生气也没用！

一直“踩在云端”的明星学生，要尽快“下凡”，踏实地度日。考试分数落后者也无需自卑，“路遥知马力”，只要肯努力，一样可以获得重用与升迁。

人们吝于赞美，“就像老师往往只看到学生的缺点，注意不足、不满、有缺陷的部分，做得好、努力的部分却很难发现；也可以说，根本看不到”。（关根正明，1997）父母也有此现象，对子女期望过高，总觉得可以做得更好。对于表现不够好的孩子（输给其他手足或邻居），会更加挑剔及不满，形成恶性循环。

赞美的多寡与对方的优点不成正比，而是与赞美者的心态密切相关。愈能肯定别人愈容易赞美，否定别人者较常责难。从心理学观点而言，肯定别人是肯定自我的投射，相对地，自我否定的人也容易否定别人。要改变“多责难、少赞美”的习性，得先从自我肯定、自我称赞开始。愈能自我称赞的人，愈能称赞别人。有何指标可衡量是否具有自我称赞的能力？如：较坚持自己的原则，按自己的意愿行动，不怕困难而相信自己的能力，真诚接受别人的赞美，对他人的需求较敏锐，能理解别人的情感，能看到每个人身上好的品性，相信绝大多数人都是善良的（韩进水，1992）。

二、赞美的适切运用

要发挥赞美的功效，避免流于谄媚或伤害，其步骤包括（R. F. Verderber & K. S. Verderber，1996）：（1）确定需给予称赞的情境；（2）描述要称赞的行为；（3）针对具体的行为；（4）具体的叙述；（5）若可能的话，指出你因该行为而有的正向感受。这当中有两大重点：一为对所赞美的行为要具体描述，赞美的措辞与其行为价值相调和；二为须表达该行为对自己所引起的正向感受，如：感动、敬佩、感谢等。

赞美非天生，需要学习与练习，方法包括：

（一）磨炼感性

要磨炼“感觉优点”的心情，高明的“称赞”就是能感受对方“好的行为”。要培养这份能力及感性，需要：

1. 多看、多听、多阅读、多接触美好的事物。

2. 坦率表达自己感觉很好的情绪。

3. 以肯定对方、接受对方为前提，有此正确心态才能建立良好的人际关系。

4. 觉察自己的感受倾向，能自我控制、及时扭转否定挑剔的心态。

能自我满意、自我称赞的人，才会对别人满意及称赞。反之，对别人的不满、挑剔，常源自对自己的不满及挑剔。所以要发掘别人的长处，应先发掘自己的长处。最初可能很难，要刻意地“为赞美而赞美”（对自己及他人），渐渐地，赞美就会愈来愈自然与得体。

（二）调整自己的表情及言语

赞美要磨炼内在感性，同时也要调整外在的表情及言语。若内心不认同，只有表面赞美，就会感到“勉强”“做假”。但徒有内在感性却不表达出来，也失去赞美的意义。为了拉近人际关系，可试着由“调形”而至“调心”，从好的表情及言语开始，逐渐扭转内心。赞美贵在真诚及客观，真诚是“无私”，客观是“无我”，无私无我才能真正尊重、欣赏与感谢别人。

（三）确认可赞美的正向行为，并描述自己的正向感受

避免赞美那些先天、非努力的长处，减少赞美人人都看得见的优点。若能注意不太显眼、初初萌芽的好表现，甚至赞美对方未觉察、

自己不认为有什么了不起的地方，赞美的效果将更突出。

赞美不是高高在上的“评价”，而是低姿态、谦虚地表达自己看到对方某些行为的正向感受，如：得自于对方的具体收获；自叹弗如而想向对方学习之处；得之于对方的帮助；从对方获得的快乐及感动；等等。

（四）纯正的赞美动机

赞美必须纯正，不掺杂其他含意，如：讽刺、怀疑、奉承、讨好，也不该漫不经心、随口说说。纯正的赞美只需描述对方具体的行为及自己的正向感受，不要画蛇添足或说“反话”，反使对方感到迷惑。

“肯赞美”是一份欣赏与关怀的修养，“敢赞美”是一份即知即行的勇气。更重要的是懂得知足，以感谢代替赞美；久之，人与人之间即能互相帮助、同感喜悦。以“初学者”来说，为了“练习”，可将赞美稍微夸大。为了礼貌的因素，我们也必须“嘴甜”一些。总不能看着别人的新生婴儿就说“长得真丑”，或对别人送的礼物表示“一点都不喜欢”！

（五）积极找寻及创造说“好话”的机会

关根正明（1997）建议：

1. 每天积极寻求十次说“谢谢”的机会：可以做到下意识地说“谢谢”，就表示你能积极寻求对方可以赞美的一面。

2. 培养“为善不欲人知”的习惯：夸奖别人时应以对方为中心，单纯称颂对方的优点，不要加入自己的功劳。即使自己有功，也应设法隐藏起来。

3. 至少每周准备一次“好的话题”：以老师而言，每周进行一次“好的话题”来发掘学生的优点。不论写下来或说出来，学生都会感到高兴。常赞美学生的老师，心情也会愉快。

人性的弱点是希望别人抬高自己，但却不能“将心比心”地回报别人，甚至“以贬低别人来抬高自己”。渴望别人肯定、夸奖，却不愿同样对待别人，实在矛盾啊！由此也可见赞美的困难。

第三节
鼓励的高效性与正面态度

鼓励的用语不似赞美明确，赞美通常根据具体事实，鼓励则是在某人陷于消沉、低潮、沮丧、软弱、自卑等负面情绪时，提供所需的

图5-1　母鸭正在给小鸭一个大大的爱的“股”励。（图片来源：ShutterStock）

支持、扶助与安慰。

一、鼓励的高效性

因失败而沮丧时，自信心会逐渐下降，又不甘心就此“一蹶不振”；此时若得到别人的鼓励或自我激励，即可重建信心、振奋士气。可惜，善于自我激励的人不多，一方面是个性因素，另一方面也因成熟度不足、年龄还小，想不了那么远。若得不到别人的鼓励又不会自我激励，即可能因挫败经验而形成“失败主义”，不敢“再试一下”，永远失去成功的机会。

笔者初中阶段曾代表学校参加全县英语演讲比赛，好不容易把程度不浅的演讲稿读熟了，但还是背不起来，于是比赛时一紧张就“忘稿”了。我只好“胡说八道”，硬把所记得的英语说完，搞不清是“苏武牧羊”还是“羊牧苏武”。没得奖早在预料之中，但心中的沮丧却久久难以平复，连带对英语这门课丧失了学习的自信。如果当时有老师或同学“及时”鼓励我：“嗯！我觉得你讲得很好，英语讲得很标准，真的不错！第一次比赛就有这样的表现，已经很成功了，下次再参赛、多磨炼，你的英语一定顶呱呱。”可能会使自我怀疑与挫败感一扫而空（至少可以减轻很多），不会觉得自己的英语很差或没有资格上台演讲，日后也不会放弃或畏惧英文。

另一次的经验就美好多了。刚读大学时，我参加“新生杯”系际辩论比赛。因为对“奥瑞岗式辩论”的规则模模糊糊，所以上台的表现也糊里糊涂。加上其他学系的辩士伶牙俐齿、气势凌人，结果我方不仅“惨败”，还觉得“失魂落魄”（吓得“魂飞魄散”）。当我“失神”下台、决定不再上台“自讨苦吃”之时，幸运之神眷顾了我，有位学长“及时”给我鼓励：“我觉得你辩论得很好，是个可造之材。只要多加磨炼，一定会愈来愈好。”我不知道自己是否真的不错，甚至不确定学长要夸奖的对象是不是我。但学长的鼓励有如“及时雨”，使我干枯的信心得到滋润，相信自己不是最糟的，下次还有希望。

不久，又有一次全校性、难度更高的辩论比赛，高手环伺之下，我这“初生之犊”不仅再次上台，而且以“不畏虎”的精神，打败许多辩论老手，以一介大一新生之姿，赢得全校“最佳辩士奖”（辩论赛个人奖第一名）。日后不仅代表学校参加多次演讲、辩论比赛，还对口语表达（演讲、辩论、人际沟通、教学技巧等）产生浓厚兴趣，成为终生研究及推广的事业。你也曾有类似的美好经验吗？你曾鼓励别人恢复信心、重整旗鼓吗？

“在鼓励中长大的孩子满怀信心”，《EQ》一书除了强调EQ（情绪智商）比IQ（一般学习能力、普通智力）重要，能决定一个人未来的成败之外，还表示从幼年时代起，EQ即为孩子学习顺利与否的关键。首要的因素即为“自信”，自信是指：“感觉能驾驭自己的身体、行为与周遭世界，相信只要努力就能成功，也相信大人会提供协助。”（D. Goleman，2006）成人的鼓励能协助孩子建立自信，具备自信即能使一个人更加努力。自信心愈强，愈相信“努力”的力量，也愿意更努力，自然较容易成功。所以，“鼓励”“自信”“成功”，是坚强的金三角。

孩子须靠父母师长鼓励，年纪渐长则有赖自我激励。先天条件再好，若没有后天的努力，仍不可能保持巅峰。若从小得到的责备多于鼓励，会产生“习得的无助感”（learned helplessness），觉得不管再怎么努力也无法解除困境，索性自我放弃。即使成功近在眼前、唾手可得，也不愿意采取任何行动。

二、鼓励的正面态度

鼓励比赞美更接近助人的行为，以“恻隐之心”来说，鼓励比较容易说出口。鼓励重在强调“隐含的”优点，甚至要“扭转”自己的眼光，看出别人的潜能，所以鼓励比赞美来得困难，要具备下列态度。

（一）乐观与希望

丹尼尔·高曼在《EQ》一书中提及，“乐观”对激励非常重要，他说：

> 从激励的角度来看，一个人如果觉得他的失败归因于本身无法改变的缺陷，必然会因绝望而停止尝试。别忘了，乐观的根本定义是，深信挫折或失败是由于外在的因素，可以靠人为的力量去扭转。（D. Goleman，2006）

乐观的人坚信失败是可以改变的，以此信念鼓舞自己与别人。悲观与容易失望的人，凡事从消极面来看、易说“丧气话”。反之，乐观与抱持希望的人，能看出一体两面中积极的部分，从可以努力、控制的地方着手。如日剧《阿信》的主题曲《永远相信》所唱：“永远相信远方，永远相信梦想，走在风中雨中都将心中烛火点亮。”

（二）细心与关怀

鼓励着重在“潜能面”而非“实际面”，即使目前看起来平凡无奇，甚至表现不佳，都可因鼓励而进步至不凡的地步。但得先细心观察才能看出潜能，所以鼓励的前提是关怀，真正的关怀才愿细心观察，以激发其潜力。若不能以“同理心”体会其沮丧、悲伤、自卑等情绪，即不能发出适切的鼓励。有时只是表达“同理心”，了解其处境及看出他的努力，即能使他获得莫大的安慰，一扫心中的阴霾而重新振作。

（三）引导与防患

不论是激发潜能或避免不良习性，鼓励都是一种事前引导的工作，使对方的善根萌芽、恶根泯灭。善行或好习惯、恶行或坏习惯，可赖鼓励而被引发或革除。鼓励不是空泛的，而是具体的指导与提醒，使对方一步一步达成目标。所以，鼓励要负责任，要“追踪”结果。如同“循循善诱”，反复多次直到对方能“自立”为止。

当他表现不好时，仍应表达“接纳”的态度，使其有安全感，才愿意接受指导与建议。否则，一般人遭到责备，为了自我维护，会更坚持己见，听不进任何于己有益的忠言。从小若得不到鼓励或鼓励太少，得不到接纳及肯定，就会自我怀疑、自我否定，终至自暴自弃。

（四）信任与等待

欠缺自信的人需要鼓励，因为不能信任自己，唯有“暂时”依赖别人的支持才不致“垮下去”。鼓励者的“信任”，就是他最重要的“支柱”，让他受到感染而恢复信心。也就是从对鼓励者的信任，转移成对自己的信任，相信自己的确有能力。

反之，若不能信任自己，周遭的人又轻视或不相信他，情况可能愈来愈糟。所以鼓励要持续进行，要“陪伴”对方一段时间。由点点滴滴的鼓励，重建其丧失的自信。最终使他靠自己的力量站起来，愈走愈稳。

（五）例证与身教

乐观、自信是天生的吗？有人原本乐观，却一直遭到否定，最后仍会丧失自信。反之，忧郁、自卑的人若经常得到激励，也能学会乐观、建立自信。善于鼓励的人（包含自我激励），会从周遭或书中找寻“楷模”，学习他们奋斗的精神，模仿他们努力的历程，相信“大丈夫当如是也”。励志书籍容易登上畅销书排行榜，即因人们会“心随境转”。碰到逆境感到挫败、彷徨，就需要励志书籍来提振精神。借着与书中作者的“神交”，得到自己想要的指点与方向。

从奇异公司董事长退休的杰克·威尔许认为，杰出的领袖具有下列四项特质：有活力（energy）、会激励（energize）、有优势（edge）、会执行（execute）。以激励来说，杰出的领袖不断激励下属实践公司的愿景，称赞下属提出的好点子，看重下属的优点而非缺点，能将下属放在最能发挥及最有贡献的位置上。

问题与思考

1. 鼓励的效用真的很大吗？你会期望哪些人或在哪些地方鼓励你？

2. 为什么需要赞美或鼓励？请选出下列原因中你觉得最主要的三个。（参考答案及解析，见本书附录）

（ ）（1）人们对于自己的优点和能力常不太清楚或缺乏自信，需要外在赞美予以“确认”。

（ ）（2）在我国的传统文化里，父母、老师、领导很少给子女、学生、下属鼓励。

（ ）（3）相信挫折或失败主要由于外在因素，可以靠内在及人为的力量扭转过来。

（ ）（4）应多磨炼“感觉优点”的心情，高明的“称赞”就是能感受到对方“好的行为”。

（ ）（5）鼓励着重在“潜能面”而非“实际面”，即使目前看来平凡无奇甚至表现不佳，都可以鼓励。

案例讨论

◆案例一

美雪是系上最漂亮的女生（校园美女排行榜也名列前茅），她的功课非常好，难得的是她一点儿也不骄傲，对待所有同学都亲切热情，不论男女同学，大家都非常喜欢她，没有一个人嫉妒她。你猜猜看，她是在一个什么样的环境下长大的，才能表现得很优秀却又很谦虚?

◆案例二

最近，柏同的心情很糟，因为与他最亲近的奶奶生病了，他有功课要顾，又不放心奶奶，最后仍决定请假到医院照顾奶奶。结果，他的期末考试没有过关，有一科要重修。更遗憾的是，奶奶也没有撑过来而离世。柏同非常难过，做什么事都提不起劲，他想休学，甚至……他要如何自我激励及寻求协助呢?

第六章

批评与说服

第一节　批评与说服的意义

第二节　批评的困难与突破

第三节　说服的心理战术与技巧

我们平常运动量都太少了，这周末一起去健步走吧！兄弟
难得休假，我想睡觉啦！你自己去！
这周末
下周末
无数个周末后……
没想到运动后身体变好了，上山下海看到的风景也不错……

已成为新的生活方式

人际金言

子曰："躬自厚，而薄责于人，则远怨矣。"（《论语·卫灵公篇》）

至圣先师孔子提醒我们，"严以律己，宽以待人"，就能减少人际的埋怨与不平。然而，埋怨及不平不可能自行消弭，如何表达不满或接受别人的批评，才是要学习的沟通技巧。为何要"薄责于人"？何谓"薄责"？证严法师说：

话语要谨慎委婉，面对知音，不必说得太明显就懂；不是知音，说得再露骨也没用。

父母师长常教导我们，说话不能太直接、要委婉。何者该说、何者不该说，要经过思考，否则不但达不到预定目标，还可能有反效果。谚语说："心好无人知，嘴歹最厉害。"得理不饶人，会使原本的一片好心遭到误解。但不少人仍困惑，心中有话就该坦白说出来，为何要逃避、遮掩呢？

批评别人需要委婉，不能过于坦白，以免破坏人际关系。但面对别人的率直批评，甚至恶言相向，却要克制自己不要立即反击，还要感谢。如：

别人骂我、不谅解我、毁谤我，我反而应兴起一份感谢的心理，感谢他们给我修行的机会。（《静思语》）

话说得太多、太重，会有何后果？压抑不说又会如何？过犹不及，想批评或纠正别人时，正确的态度或原则何在？

事有急之不白者，宽之或自明，毋躁急以速其忿；人有操之不从者，纵之或自化，毋操切以益其顽。（《菜根谭》）

过于急躁、激动时，不宜斥责、批评别人，以免对方更“自我防卫”，反而不愿改善被批评的行为。

人之短处，要曲为弥缝，如暴而扬之，是以短攻短；人有顽固，要善为化诲，如忿而疾之，是以顽济顽。（《菜根谭》）

批评、说服需有技巧，若张扬别人的过错，伤及对方自尊，就不能使人真心信服。要说服别人改过，须循循善诱；若以忿怒、怨恨的态度对待，只会使他更加顽抗，如有名的寓言故事《北风与太阳》。北风与太阳打赌谁能使路人脱去衣服，结果，北风愈狂烈，人们反而把衣服抓得更紧；不如温暖的阳光逐渐加温，使人自然而然地脱掉衣服。

家人有过，不宜暴扬，不宜轻弃，此事难言，借他事隐讽之；今日不悟，俟来日再警之。如春风解冻，如和气消冰，才是

家庭的型范。（《菜根谭》）

家人之间常因过于亲密而随意批评，任意宣泄不满的情绪，结果使被批评者的心理与自尊受创，也损及亲子之情、手足之爱。家人相处也要讲究沟通技巧，父母对待青少年阶段的子女，不可直接以权威来命令压迫，甚至恶言相向或不闻不问。须间接委婉地以比喻、举例等方式来提醒，有耐心地花时间来说服。就如春风解冻、和气消冰，温和、缓慢地进行。“春风”一来，淡淡的暖意使冰雪自然而然地融化。

第一节　批评与说服的意义

人人期望获得赞美与鼓励，以了解自己的优点及长处，并产生尊荣感（引以为傲及感到愉快）；却不想面对自己的缺点，听到别人的负面评价。没有多少人有子路或大禹的胸襟，勇于且乐于自我精进。当有人指出他们的缺失及错误时，能高高兴兴地接受、恭恭敬敬地致谢（孟子曰：“子路，人告之以有过则喜，禹闻善言则拜。”《孟子·公孙丑上篇》）。子路或大禹善于体会别人的好心，感激别人提醒的美意。他们知道若不依靠别人的意见，难以客观、清醒及完整地认识自己。然而，一般人听到批判难免紧张地想反击，不易理性地接受。同样地，“将心比心”，要别人接受我们的批评也很困难。当我们有心帮助对方时，如何批评，是十分重要的沟通技巧。

说服与批评都是要改变对方，然而“说服”的动机更为强烈，更须注重沟通技巧。否则，对方会因自我防卫而拒绝接受你的好意。

一、批评的意义

与批评相近的概念有纠正、责备、建议，是为了指出或修正别人的错误。其实批评亦有评价、批判、评断、评审、品评等含义，不仅说“坏的”，还包括“好的”。然而一般人谈到批评，还是侧重“负面信息”。平心而论，我们都知道自己不完美、思虑不够周全，需要别人的帮助、指导，才能不断蜕变、成长，所以，接受批评是必要的。但人性本不喜欢别人指出自己的缺点，若对方的批评技巧不当，也使我们“未蒙其利，先受其害”。所谓批评不当，包括批评的内容及方式。

人们容易看到别人的缺失，因此“随意”批评。不负责任的批评有何后果？如证严法师所说：

> 不要把能说话的嘴巴，用在搬弄是非上造口业。
>
> 听话、说话要完整，不要只拣前一句、后一句，合起来刚好尖尖地刺进人心，创伤也就不可弥补。

不当的批评是散播未经考证、不完整的信息，若道听途说而随意传播（一般人很难做到“谣言止于智者”），会使被批评者受到伤害。所以苏格拉底提醒学生，听到“流言”要经过三个筛子。第一个筛子是“真实”——你告诉我的事是真的（应经过求证）吗？第二个筛子是“善意”——你告诉我的事是善意的吗？第三个筛子是“重要”——你告诉我的事是重要的吗？

随意批评会“祸从口出”，使彼此关系破裂，甚至“自取其辱”，会招致严厉的反击。刘炯朗在《教养和教育》一文中说：

一个有教养的人，懂得怎么讲。一个有教育的人，知道讲什么。一个有教养的人，会婉转地表达他的意见。

虽说批评包括正面及负面的评价，但被批评者往往对负面评价较为敏感、印象深刻，所以会产生强烈反应（包括过度反应）。一般人在批评时，也不由自主地较强调负面部分，因此态度冷峻，使双方都感到紧张。《EQ》一书作者丹尼尔·高曼将批评技巧视为“集体EQ”的重要成分，在《EQ II——工作EQ》一书中，他说：

技巧性的批评，强调一个人的功劳及可改善之处，而不是从问题中挑出个性上的缺陷。诚如拉森所说的：“人身攻击（如批评对方愚蠢或无能）其实是毫无意义的，因为对方会立刻采取防卫姿态，也就听不进去你给他的任何建议。”

一个人如果觉得他的失败归因于本身无法改变的缺陷，必然会因绝望而停止尝试。（D. Goleman，1998）

所谓“本身无法改变的缺陷”包括：（1）受遗传因素影响的外貌、体型、性格、聪明才智等；（2）受父母因素影响的家庭社会经济背景（父母学历、职业、经济条件）；（3）由于批评者主观的标准而感到不满意者（否定对方的努力因素）。不当的批评，造成被批评者不再相信努力可以控制结果，因而自我放弃。

“批评不当”包括批评者的态度与方式，最明显的即为“人身攻击”；不能“就事论事”，而是“针对某个人”，将批评扩大为全面不满。再加上“感情用事”以及负面措辞（气话、怨言、讽刺等），批评就成了具有杀伤力的斥骂、羞辱、怪罪、厌恶、轻蔑，可以想象被批评者会有何种感受及反应。

图6-1　你喜欢受到人身攻击吗？如果答案是“否”，则请在口出恶言前“三思而后行”。（图片来源：ShutterStock）

批评的意义、目的（或功能）受到诸多因素的干扰，以致达不到原先预定的效果。干扰因素包括以下几个方面。

（一）批评者方面

1. 态度及言语不当，因过于急切（操之过急）而损及对方自尊。

2. 以主观标准评断，却不了解对方的个性或事情始末，结果令人心生不服，效果适得其反。

3. 单向的批评，未倾听对方的状况及理由，会使人有压迫感。

（二）被批评者方面

1. 不容易心平气和地接受批评，未听清楚对方言语中的真正用意就急于反驳。

2. 若与批评者关系不良，会全盘否定对方的批评，且使彼此的关系更加恶劣。

3. 受到自主性及个性的影响，不愿“驯服”于别人的批评之下。

二、说服的意义

说服虽不是直接指出对方的缺点，但仍想改变他的某些观念、言行甚至性格。批评可能是一种建议，说服就有改变对方的强烈动机，所以说服比批评更难。

说服是发挥影响力以调整对方的态度，包含信念、情感、言行。态度是个人对某些人、事、物的稳定或长期倾向（好、恶、趋、避等），进而表现为外在的言语行为。态度是内在性格加上外在经验，经过一段时间后逐渐形成；会因接触新经验而改变，但不会轻易变动。所以影响说服成败的因素，就复杂得多。

从前的“推销员”（今日称为业务员、广告或宣传人员），需要有娴熟的说服技巧。当我们看到一位长发美女甩着如云秀发，告诉你某种品牌洗发水如何有效时，虽然理智提醒你：那头乌溜溜的长发，不一定是来自该洗发水的效果。而且再怎么努力，自己一头枯草般的黄毛，也不一定能变成像她那样。可惜，理智归理智，我们仍轻易被情感（与幻想）所蒙蔽，“相信”该洗发水具有神奇的力量。其他如“美白”“瘦身”“手机”等广告，都是被美丽的幻觉所征服。小孩子轻易被卡通漫画人物“虏获”，青少年被偶像明星及流行文化“牵着鼻子走”，即是此故。

社会心理学的研究发现，说服的有效性取决于下列三项因素（A. L. Weber，1995）。

（一）说服者特性

1. 可信度：觉得说服者可靠及可信赖的程度，包括说服者的专业形象（对某件事物所知道的程度）及良好态度（真诚）。

2. 吸引力：喜欢及接纳说服者的程度，包括说服者的外表、奖赏或法制性的权力，以及自己与被说服者之间的相似性（物以类聚）。

（二）说服内容与呈现方式

1. 立场：说服的内容接近被说服者立场的程度，当中也包含说服者本身的立场。

2. 内容：说服的内容简单易懂，符合（或能激发）被说服者的需求，且确实为被说服者的利益着想。

3. 呈现：包含说服内容的先后顺序及正反两面的安排；当对方暂时不能接受时，则应停止，待“适当时机”再行说服。

4. 渠道：包括当面或书面（文字）说服，通常个别、当面接触的说服效果较强。

（三）被说服者的动机与能力

1. 注意力：抓住被说服者的注意，设法让他“参与”被说服的内容。

2. 个人特征：针对被说服者的年龄、需要及个性来说服，包括引起被说服者的好心情。因为心情好，较不会仔细或批评性地处理资料，较易被说服。

说服是要对方解除防御及抗拒心，接受你的观点，从而改变态度（包括言行）。若说服者存心不良，为了满足一己私欲，说服就成了催眠或洗脑。所以，我们一方面基于“利人”动机，要以自身的影响力说服别人；另一方面也要留意能否看清说服者的真面目。若其企图不良，则要相信自己及坚守立场，不要不经判断就轻易地被说服（包括诈骗）。

第二节
批评的困难与突破

“卡耐基训练”创办人戴尔·卡耐基所著畅销书《人性的弱点》，第一章即为《不要随意批评别人》。卡耐基说：

> 批评是毫无效益的事，它只能使对方竭力掩饰自己的错处。而且批评是很危险的，它不但有碍对方的颜面，并且足以引起人的反感。
>
> 一个人宁愿嫁罪于他人，不愿自己认错。所以当我们要去批评旁人时，必须防备对方反将过错推到自己身上来，转而指责我们的过失。
>
> 如果你想使人恨你一世，你只要给他一些难以忍受的批评就成了，无论这批评是应该的或不应该的。我们必须知道：我们待人，并不是在对待专讲理性的动物，对方都是有情感、有偏见、有虚荣心和自尊的。

但卡耐基知道“批评”不能完全避免，因此以更多篇幅讨论批评的技巧，如：

第一，以诚意赞美为序幕。

第二，用暗示的方法来纠正。

第三，先自认见识浅陋，后发表意见。

第四，用商量代替命令。

第五，注意保全对方的面子。

第六，赞美他人一个小优点，并竭诚加以鼓励。

第七，给人以美誉，使他决心抬头。

第八，提醒人纠正已铸的错误，并使他知道那是他不难做到的事。

第九，使人乐意接受你的意见。

卡耐基在20世纪提出的忠告，到了21世纪依然适用。但人人都愿遵循这些人际关系守则吗？若有人随意批评我们该怎么办？我们能自我反省、自我批评吗？

人性的弱点不仅在极力掩饰自己的过错（子夏曰：“小人之过也必文。”《论语·子张篇》），拒绝别人的批评，也很少自我反省。孔子慨叹：“从未见过能看见自己的过错，而认真自我批评的人。”（“已矣乎！吾未见能见其过而内自讼者也。”《论语·公冶长篇》）

一、如何接受批评？

从人性及心理学观点可知，坦然接受批评很不容易，主要障碍有三：

1. 为了维护自尊，人们会极力自我辩护，宁可怪罪别人也不肯认错。

2. 受到别人指责，总会引起不愉快的情感，因而蒙蔽理性、变得情绪化，不能冷静面对批评。

3. 若批评令人难以忍受、伤心，无论是否于己有益，都会产生心结、怀恨在心。

令人难受的批评有些是合理的，有些则不合理。“合理的批评”属于个人外在、可控制、特定的部分，只是某部分有缺失，努力改正即可。合理的批评会让人无法忍受，多半是由于批评者的态度及措辞（轻视、夸大、命令等）。“不合理的批评”则属个人内在、不可控制、普遍的部分，如：观念、个性、外貌、身材、家庭背景（含父母职业）、聪明才智、外在环境的影响、习惯嗜好等。这些不仅不易改变，且必须尊重及了解。《爱的教育》一书中有篇《祸从口出》，描述不合理的批评因处理得当，才没有造成被批评者受创。故事如下（E. D. Amicis，2002）：

昨天，诺琵斯忽然和培谛吵了起来。培谛年纪较小，爸爸在卖炭。

诺琵斯因为自己无理，无话可辩，情急之下就说：“你爸爸是乞丐！”

培谛当场气得脸都绿了，然后默不作声，只是静静地流着眼泪。后来他好像回去向爸爸哭诉。他那卖炭的爸爸，在下午上课时，就带着他儿子到学校，把所有经过告诉了老师。

这时，诺琵斯的爸爸则正照例在门口替他儿子脱外套，听见有人说起他的名字，就问老师说："发生了什么事？"

"你的小孩对这位先生的儿子说：'你爸爸是乞丐。'"老师回答说。

诺琵斯爸爸的脸立刻红了起来，回头问自己的儿子道："你是这样说的吗？"

诺琵斯低着头，站在教室中央默不出声。于是他爸爸就捉起他的手，把他拉到培谛身旁说："快去道歉！"

培谛的爸爸则很不好意思的样子，连说："算了，小孩子不懂事，吵吵架而已！"并想上前阻止，可是对方却不答应，仍对诺琵斯说："快说对不起！照我的话做。"

只见培谛的爸爸感到不安，好像在那里说"不敢当"的样子；诺琵斯的爸爸则仍是坚持要诺琵斯道歉。

之后，诺琵斯的父亲请求老师让这两个小朋友坐在一起、互相了解，因为无论父亲的职业为何都值得尊敬。同学间大家都是平等的，必须融合在一起。批评别人父亲的职业，不仅不应该，而且是种羞辱，很容易"祸从口出"（惹祸上身）。

我们不免会听到"不应该的"批评，对于这样的批评要忍受吗？若可表达出自己的委屈或有人主持公道，则不应一味忍受。若对方实在蛮横无理，则可将此"恶言恶语"当作人生的"功课"。如孟子所说："天将降大任于斯人也，必先苦其心志……行拂乱其所为，所以动心忍性，增益其所不能。"证严法师也勉励我们"柔和忍辱"，跟这种"不讲理的"人生气，只是浪费精力，没有实质的意义。

批评于己有益或有害，关键在于接受批评时的态度。即使"破坏性的批评"，也能以"建设性的态度"来接受。受到批评时的"错误态度”包括（H. Weisinger，1994）：

1. 严密防守：也就是坚守立场，以强词夺理的方式护卫自己的意见。

2. 借口：以申辩、说歪理的方式回应，不承认自己有缺失。

3. 反唇相讥：以批评对付批评，不肯采纳对方的意见。

4. 闪躲畏缩：把自己与批评者隔离，不愿再听到评语。

5. 口是心非：假装认错却不悔改，表面同意但内心却相反。

6. 感情干扰：衡量是非的能力受到破坏性情绪的干扰，致使原本是正确的批评，也发挥不了功能。

受到批评时的“正确态度”是指（H. Weisinger，1994）：

1. 判断评语：判断评语的是非真假、合理与否，以及评语对自己的意义、重要性及益处等。例如：是谁说出这句评语？他是否有资格批评？批评的动机或目的何在？有否夸大其词？

2. 控制感情：被批评时，身心容易起“防卫”反应，如心跳加快、面红耳赤、情绪激动，有采取攻击或逃避的冲动。若不能冷静、放松，则无法听进任何批评，更听不出当中于己有用的部分。

3. 改变之策：要训练自己“积极聆听”，了解批评者真正的意图，从中筛掉不必在意的部分。使彼此的关系从“对立者”变为“合作者”，并询问对方改掉缺点的具体建议。若接受批评，自己就该开始积极计划如何自我改变。

在现代讲究民主、尊重的教育环境里，有些父母过于疼爱或体谅孩子，即使孩子犯了较大的错误，仍一贯以温和、善解的态度（其实是放纵、溺爱）劝告，以致有些孩子误以为自己没有错，造成日后不愿接受别人批评的错误态度。当他达不到别人（老师、主管、顾客等）的要求时，只会怨恨对方太严厉，而不会责怪自己不负责。

二、如何批评别人?

批评不是抱怨、指责或宣泄不满，这样容易夸大其词、冤枉别人，反而使对方采取消极抵制、不合作的应对方式，不将你的批评“放在心上”，而是怀恨在心。有些人会反击，结果“硬碰硬，两败俱伤”。为了避免使批评变成破坏性的“祸从口出”，必须学习有效批评的技巧。要达到建设性的批评，须格外留意下列三个必要条件（H. Weisinger，1994）：

1. 必须用心判断自己批评的真正动机。

2. 目标侧重在改善目前批评的状况。

3. 批评目的是关乎两个人，不只是考虑如何正确地批评，而且要为受批评者设身处地着想。

图6–2 能对他人做出建设性的批评，是一门需要学习的学问。（图片来源：ShutterStock）

批评的事物愈具体、简单愈好，不要含混笼统，不要重翻旧账。

要能心平气和、理性地批评，必须包括准备、执行及追踪三阶段。

（一）准备阶段

1. 自我反省

（1）我有资格批评吗？批评目的是什么？

（2）那件事有必要批评吗？批评后能改善吗？

（3）我的批评技巧如何？能保持冷静、不感情用事吗？

2. 了解对方

（1）他是否愿意倾听？他能否承受批评？

（2）听到批评时，他可能会有什么感受？

（3）批评之后，对他会有何影响？

（二）执行阶段

1. 批评的内容

（1）批评时，一次只设定一个“目标”。

（2）确定所批评之行为可以改善，且对方目前有能力改善。

（3）批评不仅指出期望对方改善的行为，还包括提出改善的具体措施。

（4）描述因对方的某些不良行为，造成自己哪些负面感受。

2. 批评的技巧

（1）以“三明治”方式，先赞美再批评，最终以赞美结束。

（2）具体、正确（不夸大）地描述所批评的“行为”，以及个人的改进建议。

（3）只针对“最近”发生的“一件”事情批评。

（4）莫单向式批评，要给对方辩解的机会，并以开放的胸襟聆听对方的感受。

（三）追踪阶段

1. 重建关系

（1）确定对方真正听懂你的批评，没有因误解而生怨恨。

（2）注意对方改善的心意及行动，如有正面回应即给予反馈（感谢及赞美）。

（3）觉察对方的情绪状态，有否因批评而变得沮丧、不安。

2. 自我检讨

（1）重复“准备阶段”之“自我反省”部分，再次省思批评的价值或效果。

（2）反省自己的批评技巧。

（3）反省自己批评时的情绪管理功力。

批评时一定要为对方设想，包括他能否了解以及承受。所以批评的正确方式包括：

1. 以“我觉得……”“依我看……”等开头，表明批评只是个人看法，不是绝对的事实。不要用“斩钉截铁”的语气评断别人，并让彼此有讨论的机会。

2. 批评之前须设身处地：“如果我听到这样的批评，会有什么反应？我愿意在这种情况下被人批评吗？”

3. 态度务必诚恳、关怀，而非随口说说，甚至像“风凉话”或“散播谣言”。当别人愿意接受批评且有行动时，应表达感谢之意。

《马太效应》一书中谈到“人脉的马太效应”：

人往往能够将别人的缺点看得一清二楚，但这并不意味着你可以因此严厉地指责别人。在与别人相处时，要懂得随时体谅他人，在温和且不伤害人的前提下，适宜地帮助别人。以严厉的态度对待别人，容易招致他人的怨恨，反而无法达到目的。

第三节
说服的心理战术与技巧

“口服而心不服”“以力服人”“欺哄”“引诱”“压迫”“催眠”等，都不算是真正的说服。要说服别人，需要更精妙的技巧。从社会心理学的角度来看，说服是种“社会影响”（social influence），经由人际互动而产生态度或行为的改变。态度改变是说服性沟通的产物，须从说服者及被说服者两方面来进行。

一、说服的心理战术

我们都知道“要改变别人，不如先改变自己”，只有自己才能掌控自己。除非自己愿意改变，否则我们无法改变别人。

（一）被说服者的心理需求及状态

心理需求是指心理倾向或喜好，除了与年龄、文化或家庭背景有关，也依个人的内外在特征而定。以前者而言，某个年龄阶段、文化或成长背景的人，会有独特的心理需求，称之为“次级文化”。商业广告最能掌握这种心理需求，甚至看出其潜在需求，而加以

“诱发”。

韩非子曰：“凡说之难，在知所说之心，可以吾说当之。”（《韩非子·说难篇》）

说服别人的困难，在于能否了解及抓住对方的心理需求（“所说之心”）。韩非子说得妙：每个人想要的不同，有人要名气，有人要利益，有人两者都要，有人假装都不要，其实却都想要。既要满足他的心理需求，又不能“戳穿”其真实的心态，以免他恼羞成怒、翻脸不认人。要“满足”个别化的需求，才能说服成功。社会心理学的研究发现，自尊心低落的人比有自信的人更容易说服。

从被说服者的心理需求及状态来看，说服的技巧包括：

1. 了解对方的心理需求，依其“所求”满足他。

2. 说服时不要违背人们共通的心理需求，须尊重对方、抬高对方。

3. 若其需求不明显，应先试探或激发其需求。

4. 设法使对方轻松、自在（心情好），则说服较易成功。

5. 设法使自己与对方“相似”，彼此差距愈小，愈容易说服成功。

（二）说服者的影响力及权威

说服除了应对方的需求外，也依自己所具有的影响力及权威而定。说服者的特性中，最具影响力的如下（A. L. Weber，1995）。

1. 可信度

是指具有专业知识、能力以及真诚的态度。同一个信息、行为，经由“学者专家”透露，就比一般人来得可靠。某些人由于拥有丰富的经验及相关资料，也较为人所信。而态度的真诚与否，需经一段时间“检验”。一个初见面的人，可以“假装”真诚而蒙蔽你；然而我们真正信任的人，需要长久时间“确认”。

2. 吸引力

是指能否被对方喜欢、接受，并愿意接近、服从的程度。研究发现，外表好看的人，比面貌平庸者更具有说服力。广告、戏剧、新闻主播、偶像等，就是依据这个“吸引力”原则来“说服”观众。具有酬赏或强制权力的人，也较有说服力，如：老板、老师、父母。另外，以你渴望的“利益”进行交换时，也具有说服力。“物以类聚”也是增加吸引力的方法，所以要说服对方就须“放下身段”与对方“打成一片”，让被说服者觉得彼此非常“接近”。所以杰出的演讲家会将自己与观众融合，常说“我们”，而不会将你、我二分，甚至表现出一副高高在上的姿态。有时把自己变成对方的“楷模”，也是一种巧妙的说服术。让对方想要“像你一样”，因而接受你的观念、言行。

社会心理学研究归纳，下列六种权威可以改变别人：

1. 奖赏权：有能力给对方想要的事物，或拿走对方不喜欢的东西。

2. 强制权：惩罚的权力。

3. 合法权：阶层或社会地位的影响。

4. 参考权：因为喜欢一个人而愿意认同、尊敬他。

5. 专家权：相信影响者在相关领域上有较高的专业知识。

6. 信息权：虽非专家，但拥有特殊信息的人。

从说服者的影响力及权威来看，说服的技巧包括：

1. 说服别人不仅依靠说服的内容，也有赖说服的形象。所以，说服者须设法增加外在的吸引力。

2. 若自知外在吸引力有限，则须加强自己的“权威”，尤其是“专家权威”。

3. 说服时不论自己的权威或吸引力多寡，“诚实为上策”，真诚的态度仍是制胜的不二法门。

4. 要赢得对方信任，需要一段时间。所以，说服时不可缺乏耐心，要再接再厉，使对方了解你的诚意。

5. 过犹不及，说服时不可强迫对方或过于急切，反引人怀疑及产生反感。一次说服不成，则应“暂停”，一段时间之后再次进行。此技巧称之为“睡眠者效应”（sleeper effect），使你想说服的信息在对方心中“酝酿”，也使对方“淡忘”当初自己不同意（或对你反感）的记忆。

二、说服的技巧

说服术又称为“攻心术”，所谓“运用之妙，存乎一心”。

（一）尊重别人、抬高对方

此与“不要随意批评别人”的道理相同，人们都有“抬高自己”的心理倾向，不喜欢别人指出自己的错误。所以，说服对方时若以指责开始，就已“失败了一半”。当对方产生反感或不愉快的心情，你说的任何“道理”他都听不进去。所以，必须站在对方的立场，承认他所想、所做是对的，保留他的颜面、满足他的自尊心，之后再予以说服。

（二）消除差距、找出共同点

“物以类聚”，人们较愿意接受与自己处境相同者的意见，对于“异己”则有排斥心理。所谓“异己”是指与自己差异过大，尤其是样样优于自己的人。青少年不能接受父母师长的劝告，即因“长辈们”总是一副“自己永远是对的”“自己绝不会犯错”的高姿态，暗示青少年无知、幼稚。所以青少年宁愿向同侪倾诉心事，也无法和父母师长“打成一片”。

（三）使对方轻松、自在

我们不愿接受别人的好意，常因对方的压迫感太大。如歌曲《愫》当中的一段歌词：

> 你给我的爱仿佛总是太多，你给我的情仿佛也是太过。因为过多的感情，是沉重的负荷，让我不能拒绝又难以接受。

最后这句“让我不能拒绝又难以接受”，恰好反映了子女对父母的感受。亲情常造成“沉重的负荷”，使青少年急于躲开父母的施压，不愿接受父母的“说服”。

（四）建立信赖的关系

所谓“动之以情”是指彼此关系良好时，说服以情感攻势最为有用。关系良好是指相互信赖，说服者以真诚赢得被说服者的“信任”（包含尊敬、喜爱），影响力即容易发挥。恋爱中的男女、良好的师生关系、亲子关系、知己之间、领导下属及同事等，可以情感为说服对方之重要基础，其他就“尽在不言中”。

（五）充分的理由与“事实”

孔子说：“道之以德，齐之以礼，有耻且格。”（《论语·为政篇》）就算未达到“以德服人”的境界，至少也该做到“以理服人”。当我们不能取得对方的信任，即应反省是否所说的理由及事实不够充分。另外，说服的时间、地点、策略，也要重新安排。

（六）有耐心、持续地进行

人际沟通的困难常发生于自己有热忱，对方却冷漠以对。说服时也有同样的情况，当对方已明确拒绝时，到底要继续还是放弃？其实，过犹不及，一次说服不成，不表示没有希望。先“冷却”一段时间，再找其他时机及方式表达，对方终将为你的诚意感动。

问题与思考

1. 将心中的埋怨、不满坦率说出，有何不妥？为何要忍气吞声？这样是否过于懦弱？

2. 你觉得自己或他人有足够的胸襟、雅量接受批评吗？请选出你觉得最主要的三项关键因素。（参考答案及解析，见本书附录）

（　）（1）面对批评时若表达自己的委屈，可能招致更多的责骂，所以只好“阳奉阴违”。

（　）（2）有些批评者实在蛮横无理，若不“自我辩护”，对方就会“得寸进尺”。

（　）（3）听到批评时要先判断评语是真是假，不是每个人都有资格批评别人。

（　）（4）被批评时，身心容易起“防卫”反应，如心跳加快、面红耳赤、情绪激动，无法冷静、放松。

（　）（5）批评者与被批评者的关系容易变成“对立者”，妨碍日后的合作。

（　）（6）批评很难避免较尖锐的措辞与态度，这容易造成被批评者心灵的伤害或阴影。

案例讨论

◆案例一

社团的社员大都不喜欢阿昌，他的能力很强，但常“得理不饶人”，一旦发现别人有错，批评起来毫不手软。但是别人对他的建议或觉得他需要改变的地方，他就极力辩驳，坚持那是别人的问题，他没有错。久之，大家因为说不动他，只好当“滥好人”，任由社团问题扩大、凝聚力变差。如果你是社团的一员，面对阿昌的问题，会怎么做?

◆案例二

仁美被推选为社团社长，其实她自己并不想当，自觉领导能力不足，但如果她不接社长，这个社团就可能萎缩了。大家都说会挺她，仁美只好勉强为之。不料，接社长后才发现社团的问题很多，要大家帮忙时却都推说“没空、对不起”。甚至有人说仁美应该自己检讨“为什么大家不愿意帮忙?问题应该出在社长身上吧”！仁美后悔极了，真想“弃甲归田”（应该是“临阵脱逃”吧）。如果你是仁美，会怎么做?

第七章
人际冲突与情绪管理

第一节　人际冲突的意义与功能

第二节　人际冲突的管理策略

第三节　情绪调节与幽默感的培养

第四节　善用现代科技，避免人际危机

猫咖啡厅
上次你提的工作建议，当下我虽然反对还责备你，但事后想想的确比较有用。为了公司的利益我决定采用，请你接受我的道歉！
上次我的态度也不好，我应该先跟老板道歉！
没想到竟然是老板主动低头，化解僵局……

● **人际金言** ●

不战而屈人之兵，善之善者也。（《孙子兵法·谋攻篇》）

春秋战国时代，兵家整日谈论作战攻防之道，常被误为“好战之徒”。其实，孙武精研兵法，最终是想避免战争，改用其他和平的方式以降服对方，如：外交、谋略（心战）等。所以“不战而屈人之兵，善之善者也”，反之“百战百胜，非善之善者也”。交战必有损伤，好的领袖不会因一己之争强好胜、意气用事，而任意牺牲士兵及百姓的生命财产。所以孙子认为：“用兵之法，全国为上，破国次之。”“全”指保全，“破”指毁伤；以“不战”的和平手法来解决冲突，才是上上之策。

然而，孙子学说的困难之处在于：

1. 一般人仍会意气用事（情绪冲动），不顾一切地与人发生冲突。

2. 一旦发生冲突，即想战胜对方，即使两败俱伤也在所不惜。

所以，孙子再次提醒可能引发冲突的人：

主不可以怒而兴师，将不可以愠而致战……怒可以复喜，愠可以复悦，亡国不可以复存，死者不可以复生。（《孙子兵法·火攻篇》）

君主、将领若难以控制自己的情绪而大动干戈，待怒气平息时，国已破、人已亡，一切后果均难以弥补，将后悔莫及。一般人际冲突虽不像两国交战，会造成家破人亡，但闹得鸡犬不宁时，一样让人“痛不欲生”“生不如死”。

现代社会愈来愈难宁静、祥和，不仅由于噪音及脏乱，也因人们熙熙攘攘地追逐名利、坚持己见。表面上看似成长、进步，实则欲望无穷、贪得无厌，以致频频与人竞争，“利益冲突”时则明争暗斗。不仅在工作场合上争强斗胜，在路边、街上都可能因不小心而与邻居、陌生人“擦枪走火”、暴力相向。现代人逐渐失去从容、平和、接纳、宽恕的心，可爱的家庭不再温暖，父母争吵、轻言离异，亲子疏离、漠不关心，手足冷淡、无法合作。为何人们对他人如此不满？好心情、好口气愈来愈少！

孔孟学说提倡“仁政”，孟子说：“以力假仁者霸，……以德行仁者王，……以力服人者，非心服也，力不赡也。以德服人者，中心悦而诚服也。”（《孟子·公孙丑上篇》）有些人拿仁义作幌子，实际上以武力镇压。被降服的一方因力量不足、无法反抗，迫不得已而屈服。唯有以诚心、爱心对待别人，才能使人心悦诚服。可惜现今社会弥漫一股“以力服人”的歪风，只想压制对方，因此口诛笔伐、肢体暴力屡见不鲜，对于“国家未来主人翁”的负面影响甚巨。如果成人不以暴力为耻，儿童也会将暴力“内化”，成为处理人际冲突的“反射动作”。对人粗暴不觉得有罪恶感，因“战胜”而扬扬得意。至此，人与人之间的尊重、了解、协调、让步等沟通素养，荡然无存。活在这种“冤冤相报”、比拳头大的野蛮世界，着实可悲！

第一节 人际冲突的意义与功能

人际冲突不一定不好，运用得当也有正向功能。但若“对人不对事”，造成双方争执、互不相让，就破坏了人际关系，影响日后的情感及合作。所以，厘清人际冲突的意义及功能，才能“正用”，不必一味闪躲或隐忍。

一、人际冲突的意义

人际冲突最简单的解释为：“人与人在互动之中，有着利益上的不同，或出现相反的意见。”（R. F. Verderber & K. S. Verderber，1996）进一步探讨冲突的原因或形态，可更了解人际冲突的内涵。

1. 利益冲突：指有限资源的争夺，此资源包括实体的物质及抽象的社会地位（考试名次、团体领袖、人缘等），或是情感（爱情与友情）等。

2. 价值观冲突：指因彼此看重的事物不同，引发的行动也不一致。例如在家庭中（男性），对于经济收入及家人相聚何者为重，而产生的价值冲突。

3. 认知冲突：指同一事件彼此的看法、解释不同，以亲子关系来说，因子女“晚归”“玩计算机”“骑摩托车”“交异性朋友”等事件，而产生的亲子冲突。

4. 目标冲突：指彼此期望达成的目标不同，如公司要求员工加班，员工却急于下班接孩子放学。同一时间内彼此想从事的工作不同，而引发的冲突。

5. 情绪感受冲突：指同一事件双方的情绪感受差异太大，甚至完全相反；如一方感受强烈而另一方却没有感觉，如此则会因缺乏同理心而引发冲突。

6. 沟通冲突：指有些人过于强势、夸大，或过于压抑、隐藏，彼此长期缺乏沟通或难以沟通，造成愈来愈大的心理距离。

7. 信息或内容冲突：指为了信息或内容本身的对错，或坚持各自主张而引发争论。在电视、电影中看到“路见不平，拔刀相助”的英雄行径，常令人大呼精彩、额手称庆。若家人、邻居大打出手，或开车在路上与人“轻微擦撞”却遭暴力攻击时，还会觉得“打架”解决冲突是英雄行径吗？

虽然我们害怕、不欢迎人际冲突，但冲突真的很糟糕吗？冲突时一定要疾言厉色、拳脚相向，弄得脸红脖子粗、斯文扫地吗？国人讲究“人和为贵”“家和万事兴”“和气生财”，似乎只要忍耐、维持“表面和谐”，即使“面和心不和”、不爆发冲突即可，这样真的比较好吗？

昔日威权体制之下，有尊卑主从之分，如：君臣、父子、师生、夫妇等，上位者发号施令，下位者“逆来顺受”。而今“人人平等”的民主社会，大家对自己的权益更加重视（尤其是居下位者）。受到不平等待遇或感到不满，较勇于表达己见。于是双方或上下之间容易产生言辞冲突（俗称争论、吵架），甚而激烈抗争，造成肢体冲突。

人际冲突能避免吗？避免比表现更好吗？其实，人际间因个别差异或立场不同，难免有意见、想法不一致及利益、目标的冲突。若能就事论事、解决问题，则冲突值得肯定，有显著的正向功能。

图7-1 彼此认知的差异是发生人际冲突的原因之一，当差异愈大时，冲突也愈大。（图片来源：ShutterStock）

人性有共通的部分，所谓“人同此心，心同此理”；也有独特的部分，即个性或个别差异。不同的个体在性格、观念（含价值观、道德观、宗教观、人生观……）、情绪感受等方面常不一致甚而相反，难免因差异而产生冲突，差异愈大冲突也愈甚。再者，当相处或共同工作时，因彼此目标不同、职责分配不清或不公平，及资源或利益争夺而发生冲突。有时，还会因文化背景差异、沟通不良等起冲突。以沟通不良来说，如批评技巧不足或批评不当，造成人身攻击（含谩骂及肢体暴力）。

人际冲突即双方（或至少一方）知觉到彼此的不一致、不兼容、对立，因而内心感到愤怒、敌对。外表上，有时会有口头或肢体攻击（争执、不满的表情及姿态，甚至诉诸身体暴力）。然而，不一定所有“知觉”到的人际冲突都会明显“表现”出来。不少冲突是“隐藏式”的，一直压抑、忍耐，或转化为“暗斗”、消极反抗。

二、人际冲突的功能

随着时代演进，对于冲突的观点也不断调整。传统上认为“冲突不好，会破坏组织结构，降低工作绩效，要加以消除”（20世纪30年代结构功能论）。20世纪40至70年代转而承认冲突无法避免，对组织进步有所助益（行为论）。目前盛行的互动论，更重视冲突的正面价值。若组织过于平静，可能变成冷漠及停止进步；所以应维持适度的冲突水平，并注意导引冲突的方向，使其成为“功能性冲突”（functional conflict），即建设性冲突；避免成为“失能性冲突”（dysfunctional conflict），即破坏性冲突。由此可知，冲突的好坏，端视如何运用与处理，以突显“不打不相识”的正面价值。

图7-2　冲突虽带来负面情绪，但若处理得当则有利于双方了解。（图片来源：ShutterStock）

人与人之间的不一致，不仅是正常现象，而且具有“互补性”。借着适度的质疑与挑战，可使个人或团体有更大的成长。人际相处若过于冷漠，可能是彼此的关系已经停顿，不再相互关心；或有一方遭受压制，无法表达反对意见。所以，完全没有冲突不见得是件好事。然而，冲突是危机或转机？端看如何运用、处理，使冲突发挥正面功能。

在“天下无不是之父母”及“男尊女卑”的观念下，为人子女或“妇道人家”只有顺从的“义务”。而今子女已能向父母表达己见，妇女也敢争取“男女平权”，于是亲子冲突及夫妻冲突渐增。处理不当将伤及亲子关系，使子女“为反对而反对”“反其道而行”，听不进父母苦口婆心的建议。夫妻间则导致失和、离异，子女得不到双亲关怀及健全的成长环境，影响身心发展。反之，冲突处理得当，则益增亲子、夫妻间的了解与协调，促进正向情感及互助合作。

人际冲突虽然痛苦，但对人际关系有下列五点积极价值（J. L. Creighton，1991）。

（一）冲突能指出问题症结

俗语说：“不打不相识。”经过冲突才得以真正认识对方，知道对方心中的不满，或其他负面情绪的程度与原因。反之，“同床异梦”其实是自欺欺人，不敢正视问题、检讨自己，因而假装没有问题。

（二）冲突能使我们改变，并防止暴力发生

个人会不断成长，因而带动人际关系的改变。冲突即表示稳定的人际关系生变，必须重新调适。若拒绝改变，则可能引发更强烈的冲突，终至关系破裂。

（三）冲突帮助我们认识自己

其实青少年的叛逆、与父母对立，是为了发展自主性，避免对父母持续、过度的依赖。若一直不敢向父母表达不同的意见，就无法成为真正独立、完整的个体。

（四）冲突可以是彼此憎恨的宣泄渠道

若一直觉得彼此有人际问题，又刻意维持表面和谐，即可能在心中积压憎恨。若没有合适渠道可以宣泄，人际关系将愈来愈紧张。不论对职场伦理或个人友谊，都有很大的损伤。

（五）冲突可以是刺激有趣的

人与人之间若从未冲突，不代表彼此满意，反而可能已是不在乎对方，所以互不产生关联。为了弄活这摊死水，须注入若干冲突，让人际关系再度活跃起来。

从小到大，我们会经历各种人际冲突，是否真能“学到教训”或“快速”成长，不再犯同样的错误？进入广播界超过三十年的知名主持人罗小云说：

> 多年来面对逆境时，我一直以“生气不如争气”这句话勉励自己。有时我好意帮忙，却碰了一鼻子灰；有时我无心的一个言语动作，却被别人误会了；有时是彼此理念不同，而不受重视……无论什么原因，与其花精神生气、埋怨，还不如将精力用在砥砺磨炼自己、培养自我能力上面。
>
> 退一步海阔天空，咽下这口气，明天可能有不同的景象。（正中书局，1997）

人际冲突时（或之后），如果只会生气，甚至“气得全身发抖”，不仅对化解冲突于事无补，还会形成不良的情绪表达习惯，甚至影响身心健康，因为：

> “失控式的生气”其实是一种精神及心理失调。“生气”是多数精神疾病的共同特质（即使是忧郁症），“生气”也是一个必然的阶段……可怕的是，很多“长期生气”的人，都认定自己“生气”乃是理所当然。（沈胜昂，《怎么生气才对？》，《联合报》36版，1999年3月25日）

所以，人际冲突是“可怕”抑或“可爱”？端看处理及运用它的功力而定。

第二节 人际冲突的管理策略

人际冲突不仅“正常”，甚至应该“期待”及“欢迎”。若人际相处一直风平浪静，就可小小地“兴风作浪”一番，“引发”一些小型冲突，使“潜伏”“积压”的问题宣泄出来，以免“积非成是”或“积怨太深”。就像处于地震带的我们，不能“妄想”地震永远不会发生，而应期盼有些中小型地震；否则能量蓄积太多，可能“引爆”令人束手无策的“灾难型强震”。

一、人际冲突的阶段与运用

人际冲突的过程包含潜伏期、爆发期、扩散期及解决期四阶段，我们无法抑制它的发生，却可妥善运用，引导它朝建设性的方向前进。

（一）潜伏期

人际冲突不仅指“爆发”的那一刻，其实从内心知觉到有冲突而产生不安、不快的情绪开始，即已进入“人际冲突”的过程，此为人际冲突的第一阶段。如果能加强对潜伏期的“侦测”，就能“预知”冲突而“控制”冲突的方向及程度，使其朝着“功能性冲突”前进，使冲突的程度减缓，较平和、理性地解决问题。

（二）爆发期

冲突爆发时，不论什么形式（口头、肢体）或程度，都会令人感到尴尬、不悦而想逃避，或因被惹怒而想痛快地“反击”。如此将使问题扩大，冲突依旧“无解”，这就是“无效的冲突”。若能设法控制怒气、冷静下来，鼓励自己“不要逃避”，勇敢“面对它”“处理它”，即使最后不能得到令所有人满意的结果，也不至于感到后悔、懊恼。

（三）扩散期

人际冲突“爆发”后，有如强烈地震，还有不断的余震，这些都在“正常”的范围内，不要阻止、责备它，而应让冲突的“能量”释放殆尽。若处理不当，则会像小时候玩的“传话”游戏，因为误传及误信“谣言”，而使彼此的误解更深。

（四）解决期

所谓“解决”包括得到双方满意的结果（“双赢”），或“虽不满意但可以接受”；或是“不解决的解决”（“静观其变”），也就是接受“冲突目前无法解决”的事实，不再“斤斤计较”，将冲突“暂时搁置”。也可能因为自我成长，渐渐不觉得冲突会构成威胁、压力，这也算是一种理想的结果。

二、人际冲突的管理策略

人际冲突不可避免，处理得当则很快可以化解，还可增进自我成长与人际关系。处理不当则会造成更深的误解、反击，使小冲突变成大冲突。冲突的处理因个性及情境不同，有下列五种管理策略（R. F. Verderber & K. S. Verderber，1996）。

（一）退缩（withdrawal）

将自己的身体或心理“抽离”冲突情境，这是最简单也最常用的方式。“身体抽离”是指离开或拒绝探讨引起冲突的问题，但较不明显却可能伤害更深的是“心理抽离”，例如：静静地坐着，看起来像在听，脑子里却想着其他事情。这样做，不仅退缩的一方感到“压抑”之苦，被拒绝的一方也会闷闷不乐、沮丧，甚至更加愤怒。

（二）投降（surrender）

放弃自己的观点而顺从对方，这种放弃如果是经过双方协调而做“部分”的让步，仍算正向处理。若是冲突一开始即投降，或习惯性地以投降来面对冲突，则可能给对方“没有主见”或“有所隐瞒”的感觉。经常以“随便”“没关系”“都可以”的话语应对，否定自己感觉，长久下来也会产生内外矛盾的情绪失调。

（三）攻击（aggression）

以言语或肢体动作胁迫对方，使人就范，这是一种暴力压制的方式（语言暴力或肢体暴力），只会导致屈服（口服心不服），甚至造成反击（以暴制暴），不是理想的冲突管理策略。不仅令人不舒服甚至受伤，也达不到解决冲突的目的。只会模糊冲突焦点甚至升高冲突，使人际问题更加恶化、扩大。

（四）说服（persuasion）

即以说服性沟通，试图改变对方的行为与态度。如果说服是开放而合理的双向讨论或辩论，仍是正向的冲突解决方式。若变质为诡辩或操纵，即成为欺骗或压制，虽能短暂消弭冲突，但日后会演化成更大的冲突。

（五）问题解决式的讨论（problemsolving discussion）

指双方都有诚意，愿意以客观、开放的态度厘清问题。并以问题为核心，共同“合作”找出解决问题的方法，“协调”出双方都能接受的方案。这是最理想的冲突解决方式，但须经“指导”，养成讨论的正确态度（如：尊重、专心聆听、适度的妥协退让、情绪稳定），才能避免意气之争、主观感受或人身攻击。

因为个性或人格特质不同，冲突管理的策略亦有差异。（R. B. Adler，1988）

（一）非自我肯定型（nonassertive behavior）

“非自我肯定型”常忽视或压抑自我的需求及感受，以为假装没问题或尽量忍耐，冲突就会自然消失。结果通常是：表面看来没有冲突，实际却累积过多的不满。“暗潮汹涌”之下，人际关系每下愈况。

（二）直接攻击型（direct aggression）

“非自我肯定型”面对人际冲突时，通常是没有反应或反应太少。但“直接攻击型”则刚好相反，是反应过度，以强烈反击的方式来维护自己，不惜牺牲对方以保全自己。这样做常使双方关系破裂，没有转圜的余地。

（三）间接攻击型（indirect aggression）

若不能直接表达愤怒，“间接攻击型”则采取各种消极、不合作的方式，暗示自己的反对、反抗，但仍不肯正视问题。这种迂回、逃避的方式，常令想要解决冲突的一方感到困惑或被愚弄。

（四）自我肯定型（assertive behavior）

“自我肯定型”能清楚表达自己的需求，但绝不伤害及批判对方。将焦点集中在双方都满意的解决方式上，即使问题未必能真正解决，至少维护了双方的自尊与彼此的人际关系。

“个性”及“冲突管理策略”的配对，可产生下列三种组合：

1. “非自我肯定型”与“退缩、投降”。

2. “攻击型”与“直接攻击、间接攻击”。

3. “自我肯定型”与“说服、问题解决式的讨论”。

最完美的组合当数“自我肯定型”与“说服、问题解决式的讨论”，重点包括：

1. 面对冲突（不害怕、逃避），才能好好处理它。

2. 对事不对人，注意造成冲突的“问题”，而不以冲突的“对象”为焦点。

3. 对于不同的观点，能以“开放的心灵”接受它（积极聆听）。

4. 冲突的双方是合作、妥协，而非竞争、对立的关系，共同努力一起解决问题。

由于观念、个性及习惯使然，要一下子跳脱固有模式，实非易事。所以，我们可依循下列步骤，逐渐自我改善。

（一）调整两极化，渐趋中庸

“过犹不及”“得不偿失”，是两极化冲突管理策略的缺失。不论假装没有冲突或刻意升高冲突，都不能真正解决问题。唯有调整两极化的程度，使之渐趋中庸，才能避免冲突的持续与恶化。在退缩、投降这一极端，应学习认识及尊重自己的需求与感受，从昔日压抑及委屈中释放出来。试着表达自己的感受与需求，不再做“滥好人”而“自欺欺人”。在攻击、强辩这一极端，应反省是否夸大了自己的需求与感受，若能“收敛”，多关心别人的需求及感受，应更能解决问题。

（二）从日常生活的小事开始，培养自我肯定的性格与作风

攻击型的人，常借着伤害别人来抬高自己。非自我肯定型的人，则是伤害自己来抬高别人。这两种极端型都不理想，解决人际冲突的最佳策略，应是“双赢”，做法包括：

1. 利益共享：利益有限之下相互争夺，会使冲突愈演愈烈，所以应重新思考“利益是否冲突”？如果真的冲突要如何分享？这才是问题解决的“重点”。

2. 在信任中协商：“疑心生暗鬼”，人际冲突时，怀疑对方只会使彼此更不能合作。唯有“勉强”自己先信任对方，才能继续协商、妥协。

3. 表达自我的感受与观念：解决冲突，不能单方面要求对方让步。应使双方都能表达自我的感受与观念，增进彼此的了解及接纳。

4. 关心自己也关心对方：要真正双赢，就不能“自私自利”。先要“我为人人”，然后才可能“人人为我”。

“一输一赢”甚至“两败俱伤”，都不是管理人际冲突的理想策略。所以，不要执着“谁是谁非”，或计算利益“谁多谁少”，而要“设身处地”为别人设想，先求互信互谅，冲突才容易解决。

无论如何，有效地化解冲突，不仅是不计较是非对错，更要先承认“自己有错”，至少心态上要觉得自己有错，才可能诚心向对方道歉。有些人过于爱面子，即使明显有错也要狡辩。这种行为使别人更不能接受你，进而加深彼此的冲突。

与“道歉”意义接近的是“道谢”，若能以道谢代替道歉，别人更容易原谅你。可惜很多人不能理解别人的好意，不是视为“理所当然”而忽视，就是曲解为恶意而排斥（俗称“不知好歹”）。使

别人明知你有错或想拉你一把，也不敢帮忙或对你太好，多么的可惜啊！

“受人点滴，涌泉以报”的人愈来愈少，可能因为现代人太忙碌，没时间表达谢意。我们不只要大方接受别人的道歉或道谢，为了“提倡”道歉或道谢的价值，更应多赞扬与珍惜懂得反省与感恩的人，最重要的是使自己也成为这样能时时感谢的人。

第三节
情绪调节与幽默感的培养

人际冲突的管理策略，与个人的情绪状态有关。习惯压抑或否认情绪感受的人，对人际冲突较常采取退缩、逃避的方式。习惯宣泄或夸大情绪感受的人，则较常直接或间接攻击。两者都是极端表现，不论压下问题或突显问题，均不代表已解决问题，反使问题更加复杂。不满的情绪压抑久了，不仅模糊自己最初的需求，情绪也被“渲染”成一团不愉快的状态，分不清有多少愤怒、委屈及不平！反之，若使不满情绪“决堤”（攻击），则可能“淹没”大家，使彼此忙着“自救”（反击），无法冷静认清问题的真相。所以，要圆融地处理人际冲突，必须先调整自己的情绪状态，包括：认识自己的情绪、适当地表达情绪，以及培养积极、正向的情绪（含幽默感）。

一、认识自己的情绪

情绪是人类生而具有的天性，如《礼记·礼运篇》说：“何谓人情，喜怒哀惧爱恶欲，七者弗学而能。”然而，情绪若没有得到“调节”（现代称为“情绪管理”），表现不当即可能造成不可收拾的后果，如“乐极生悲”“得意忘形”“怒急攻心”“贪得无厌”（欲望太多）“哀莫大于心死”等。情绪管理不佳造成的伤害，还包括人际关系。

一般人对消极、负面的情绪有错误观感，认为它不好、有害，不应表现或表露。其实正确的态度应是“接纳”它，再“调节”它。因为情绪是人的本能反应，无法排斥或否定。借由“调节”来减缓不愉快的程度及伤害，并加以转化，使阻力变成助力、化悲愤为成长动力。

调节情绪的前提是认识情绪，一般人“习惯”隐藏情绪，认为“不应该有”某些情绪，或因某些不合理的想法而夸大某些情绪。久之会弄不清自己拥有哪些情绪。哪些“迷思”（谬误、似是而非的观念）会导致对情绪“失焦”（R. B. Adler，1988）？

1. 受赞许的谬误：我们都渴望得到别人的接纳、赞美，甚至为了讨好别人、符合别人的期望，不惜抹杀自己的需求及感受。

2. 应该主义的谬误：太在意别人的眼光，或对自己的期望过高，就会刻意压制那些“不应该”有的自我需求与感受。

3. 以偏概全的谬误：对自己或别人的责备，因“以偏概全”而夸大，所以自责或愤怒的情绪容易高涨。

4. 因果关系的谬误：觉得别人的喜怒哀乐全由自己造成，所以要避免使别人不愉快，或者自己应为别人的不愉快负责任。为了不使别人难过，只好设法隐藏自己的情绪，甚至牺牲自己以成全他人。

5. 无力感的谬误：较悲观或“外控型”人格（不相信命运操之在我，认为自己是环境的受害者），稍遇挫折、阻力即有强烈的郁闷及沮丧感。

6. 预期失败的谬误：杞人忧天或失败主义者，凡事都朝坏的一面设想，结果常夸大问题、过于焦虑。

二、适当地表达情绪

我们有权“描述”情绪，但无权“批判”别人。沟通是为了使人了解我们的感受，而非指控及评断别人。

> 唯有在对方不觉得受到攻击时，一场讨论才有可能避免升级为一场争吵。
>
> 如果，我们费了许多力气去沟通我们的感受，但是，到最后却仍免不了责备别人，那么一切都将前功尽弃。（J. L. Creighton，1991）

要厘清“评断”和“感受”的不同，就要多练习“描述”情绪，而非“谴责”对方。我们可以说：“上次聚餐你没邀我参加，我很难过。”不要说：“你太不应该了，上次聚餐居然没邀请我。”沟通的重点在让对方知道“我很难过”。若谴责对方，则“促使”他“不得不”注意你的指控，而加以“还击”（觉得你“小心眼”、想得太多）。不但忽略你原有的情绪，还使你更加生气。结果彼此的冲突升高，产生更多误解与隔阂。

所谓适当的情绪表达，即是练习以各种形容词来“描述”情绪，而不要“评断”别人，不当的评语如：不体贴、不成熟、草率、粗心、冲动、浪费等。人际冲突的解决，就靠双方都能适当表达情绪，并了解对方的情绪状态，找出“皆大欢喜”之道。以商业或政治谈判来说，在《EQ II——工作EQ》一书中，丹尼尔·高曼说：

> 在谈判过程中，解读对手的情绪，是成功的关键。
>
> 最优秀的谈判高手，能察觉对方最在乎的地方，并在这些地方优雅地退让；但会选择无这类情绪负担之处，施加压力，要求对方让步。
>
> 谈判可视为共同解决问题，因为冲突分别来自双方。……这种解决须了解对方的立场，并了解对方的需求和恐惧。

一个“高EQ”的人，不仅能适当表达自己的情绪，并容许及鼓励对方表达情绪。以同理心来了解对方的情绪，最后寻得“双赢”之道。

三、培养积极、正向的情绪

消极负向的情绪偏多，确实会影响人际关系，造成不必要的人际冲突。例如：

1. 易怒：面对易怒的人，使人时刻小心他情绪爆发，进而担心自己跟着情绪失控。一般人都不愿意“受气”，所以“以牙还牙”的冲突极易发生。

图7-3　情绪无所谓好坏之分，只要是真实的感受，我们就要学习如何去接纳它。（图片来源：ShutterStock）

2. 太敏感：动不动就挑别人毛病，不仅自己难过，也让对方觉得“动辄得咎”，彼此无法坦诚相处。

3. 多愁善感：常常郁闷、不快乐，使人害怕与之相处，以免要承担造成他不快乐的责任。

4. 疑心重：不易信任别人，因时时猜忌而使彼此不易交心、真诚关怀。

5. 情绪不稳定：情绪上忽冷忽热、忽喜忽悲，使人难以捉摸。不仅难以沟通，也无法与之平心静气地相处。

6. 欠缺幽默感：开不起玩笑、听不懂笑料，使人不喜欢与他同在。不得已需要共事、合作时，也易因“小事”而起摩擦。

7. 过于自卑：由于退缩及压抑的行事作风，无法与人“打成一片”、自在交流。反而会憎恨对方，怪罪别人待己不公。

如何扭转情绪习惯？使易怒的人能控制自己的情绪，敏感的人变得开朗，忧郁的人展开笑颜，多疑的人学会信赖，情绪不稳定的人冷静下来，欠缺幽默感的人放轻松，自卑的人自我肯定……虽然“江山易改，本性难移”，但“难移”并非“不移”，只要了解负面情绪的诸多危害，即可“自我负责”地改变自己。健全人格的指标之一即为：自我负责并能扭转情势，不会一味自怜而为环境所控制。负面情绪不可能压制、消除，只能以更多正面情绪取代。现在，开始努力突破环境及习惯的限制吧！改变情绪状态即能改善人际关系。下面这个寓言故事，也许能让你产生一些启发。

大师身旁，有个经常抱怨的弟子。大师想开示他，一天，大师将一包盐倒入一杯水中，要他尝尝咸不咸。弟子立刻说：“不只是咸，好苦！”接着，大师将一包盐倒入附近的湖里，再要他尝尝，问：“有什么味道？”弟子答：“没有！”大师说：“生命的痛苦就像盐，体验到多少咸味，不在于盐的多少，而在于你放在什么容器中。所以，当你痛苦时，只要开阔胸襟，不要做一只杯子，而要成为一座湖泊。”

四、情绪管理与人际冲突

丹尼尔·高曼在《EQ》一书第三章《智人的愚行》里举了一个实例。一名成绩优秀的学生因“情绪失控”而刺伤老师，这个聪明的学生自以为是，对所犯的过错毫无悔意。

杰森是佛罗里达珊瑚泉中学二年级的学生，成绩非常优异，一心想要读医学院，而且以哈佛为目标。有一次考试，物理老师大卫给他八十分，杰森深信这项成绩将影响他的未来，便带了把刀子到学校，接着在实验室与大卫老师发生冲突，他举刀刺中大卫的锁骨部位，后来才被制服。

在后来的诉讼中，四位心理学家与心理医师声称，杰森行凶时丧失理智，最后被判无罪。杰森自称他因成绩不佳准备自杀，去找物理老师是要告诉他自杀的意图。但大卫坚信杰森因成绩太低愤愤不平，决意要致他于死。杰森后来转学到私立学校，两年后以极优异的成绩毕业。大卫对杰森从未向他致歉或为那次事件负责，深感不满。（D. Goleman，1998）

杰森为了争取分数、进入明星大学，不惜与老师冲突，甚至刺杀老师，事后他自我辩护是想要自杀而非伤害老师。该生虽获判无罪，转学后也保持优异成绩，但令大卫老师心痛及不满的是：杰森丝毫不以为自己有错、毫无愧疚之心，更从未想要向大卫老师致歉。

类似杰森这类优秀的人，常固执于狭窄的目标，只在意自己的感受，即使造成别人严重的伤害也浑然不觉。为了达到目标、保护自己的利益，往往表现出强烈的情绪，完全不觉得需要控制。情绪虽是人的本性，却不能毫无节制、任意发作而不考虑别人能否承受。人际相处时，即使遭到对方误解、斥责而愤怒，仍需理性判断及决定如何表达。心生不满、怒火上升时，要考虑什么？

1. 所生气的事情是真的吗？先冷静下来，了解事情的全貌或真相，再决定是否值得生气。

2. 爆发脾气有什么后果？会伤到对方吗（身体及心灵）？会破坏彼此的关系吗？会引起对方激烈的反击吗？

3. 生气、抱怨对于解决问题是否有帮助？抑或制造了新问题？能否以较健康且合乎规范的方式代替？

人际冲突的真正胜利不是压过别人，而是战胜自己。能觉察怒火、控制怒气、转化心情，心平气和地解决问题，才是真正的“赢家”。一个“高EQ”的人，不仅能控制自己的消极情绪，减轻其负面影响，面对别人的情绪爆发，也能像“海绵”般予以吸收、接纳，不会激烈反弹。然而一般人面对别人的负面情绪，通常采取极端的做法——反击或逃避。但这两种态度，都表示不能接受对方的情绪。情绪既是天性，就应让它有表露的机会，不应加以否定或压制。所以，人际冲突时不仅要调节自己的情绪，也要体会及安抚对方的情绪，帮助他调节情绪。要做到这个地步，须具备高尚的情操，如：宽恕、乐观、幽默，才能真正地忍耐及帮助别人。学习乐观、幽默并不容易，宽恕则更难。所以情绪管理是一辈子的功课，必须且值得好好学习。

有人问圣严法师：办公室像个压力锅，有些领导责备人不留情面……如何从羞辱中快速平复？又如何向上管理，请领导责备改变态度？圣严法师回答：

> 有时候主管并不是很严厉地指责，而只是劝告，但自尊太强或自卑感重的职员，往往觉得很委屈，甚至会流泪。……不要跟老板唱反调，他是你的上级，和他唱反调，一定是下属倒霉。……好面子的主管就很难采用你的建议。……即使是再坏的主管，都要感谢他给你的指示。……如果能忍下去，时间一长，可以学到与人相处、工作历练、领导等技巧。

五、以幽默感化解人际冲突

“幽默”（humor）是指言谈举止有趣且意味深长，又称诙谐、风趣或滑稽。“诙谐”是指说话有趣、逗人发笑；“风趣”是指语言、文章生动活泼；“滑稽”也是言行逗人发笑的意思。总括来说，幽默是指说话生动活泼、逗人发笑，而且还意味深长。也就是说，“幽默”不只是单纯“爱说笑”或“搞笑”，还能令人若有所思，感受到其中深刻的意义。这个意义不仅富于“启发”“机智”，还带着一些自嘲或反讽。对人际冲突而言，幽默能改变心情、化暴戾为祥和，举几个例子来说。

例一：清朝乾隆进士纪晓岚进宫当侍读学士，陪伴皇帝读书。一天，天色已亮而乾隆皇帝还没来，纪晓岚就说：“老头子怎么还不来？”此时恰好皇帝跨门而入，就生气地问：“‘老头子’三字如何解释？”周围的人都为纪晓岚捏把冷汗。纪晓岚跪下说：“万寿无疆叫作‘老’，顶天立地叫作‘头’，父天母地叫作‘子’。”听得乾隆皇帝龙心大悦，一场机智的言辞，巧妙地化解了一个危机。

例二：二次世界大战期间，英国首相丘吉尔应邀到广播电台发表重要演说。他招来一部出租车，对司机说：“载我到BBC广播电台。”“抱歉！我不能载你去，因为我正要赶回家开收音机，听丘吉尔演讲。”司机回答。

丘吉尔听了很高兴，马上掏出一英镑给司机。

司机也很高兴，叫道：“上来吧！去他的丘吉尔！”

例三：有个人带着一瓶水、一条面包和一个车门，想要徒步走过沙漠。旁人看见觉得奇怪，就问，带这三样东西做什么？他回答：“我渴了，就用这水瓶喝水。我饿了，就吃一点面包。”

“那么车门又做什么用呢？”

这位沙漠旅人回答："如果我太热了，就摇下车窗。"

例三的旅人不是脑筋有问题，就是幽默过度。不过，能自我调侃、自娱娱人，比起嘲笑别人、把自己的快乐建立在别人的痛苦上，高明得多。华人是较含蓄、严肃的，长辈习于"倚老卖老""正经八百"地训人，一点也开不起玩笑。而今年轻一辈"反其道而行"，以"损人"为乐，也是过犹不及。所以，经得起玩笑却不乱开玩笑，自我解嘲而不贬抑别人，妙语如珠而非卖弄口舌，即为磨炼幽默感的指标。

第四节
善用现代科技，避免人际危机

从前说："世界上最遥远的距离，是我在你眼前，你却不知道我爱你。"而今则变成"我在你眼前，你却在刷手机"。老师对学生上课刷手机、无法专心学习的行为感到困扰，老板也是。但比老师强的是，老板可以因上班刷手机影响工作，作为处罚或解雇的正当理由。老师则难以如此"强硬"，但也应帮助未来的老板，培养不刷手机、专心工作的员工，以免让将来老板困扰。老师不能让学生误以为刷手机没关系，结果将来被老板认为"不胜任的员工"。

一、网络科技带来“多么痛的领悟”

智能型手机、通信软件的盛行，带来人际沟通的便利与强大功效。但同时也是“双刃剑”，掌握不好即构成很大的伤害。以下是运用现代通讯科技应该注意及避免的弊端。

领悟一：使人更加寂寞

大家忙着与“远端”互动，却对近距离的人“视而不见”。所以“咫尺天涯”，在网络时代变成“近在天涯，远在咫尺”。如何改善？以免还没交到远方的朋友，先失去身旁的朋友。网络上的朋友表面上几百个、几千个（含朋友的朋友），实际上却不一定交心。网络上的谈话仍是远距离、虚拟，说的也未必是真话，至少没有深思熟虑过。当你真正需要有人陪伴与帮助时，他愿意到你身边或积极聆听吗？能持续多久？

领悟二：使人更加防备

通过网络通信软件，我们可以认识更多人（包括陌生人与不太熟悉的人）。但真正的朋友是愿意常常真实接触，及为你付出时间的人。网络上谈得来，不一定是真正的朋友，因为他们不一定愿意以真面目示人，太认真可能会被骗（包括金钱及情感）。若曾被骗或遭到背叛，难免会产生阴影，对人更加防备，因而影响与大多数人的正常互动。

领悟三：人际关系表面化

网络上的互动非常方便，却不能传达深刻的东西。就算可以写很多字（打字速度快），但看不到表情、听不到声音，无法确定对方真正的想法与反应。就算通过视频或录音，仍是单向互动。许多重要事务本就需要当面、多花时间交谈，否则只是信息传递，难以化解歧义、建立共识及情感。尤其要表达感谢或道歉时，使用网络，以电子邮件、短信、微信来进行，是否有诚意？是否反令人生气？

领悟四：不了解及不在乎别人的感受

网络上的另一方可以随时“抛弃”你，忙别的事却毫不愧疚，没有“失礼”的顾虑。因为当你发信息给他，希望他“秒回”时，也未考虑到是否“干扰”了他！于是彼此互相“回报”“恶性循环”。许多员工很怕“高效率”的上司，随时一个信息就要你马上看到、马上去做、马上回复。完全不管下属目前在忙什么，尤其是下班时间，更让人不胜其扰，影响到正常生活与家庭。

男女恋爱时也有此苦恼，如某方常常需要你的“关注”，随时传信息给你，不立即回应就疑神疑鬼、无风起浪。无远弗届的网络，让他掌控了你的生活，从此王子与公主过着“不幸福”的日子。

领悟五：使人逃避或怠惰沟通

习惯使用通信软件或网络社群，许多人形成惯性或依赖性，几乎不再使用麻烦的电话及当面沟通。甚至害怕与人真实互动，因为怕遇到不知如何应对的难题，或对方出现不受自己控制的行为。其实网络新科技“只是”沟通的渠道“之一”，而非“唯一”。如果因此使人怠惰或恐惧沟通，长远而言是弊多于利。身为万物之灵的人类，不要因此失去人性、少了人味，只剩下标准化流程。科技永远只是辅助，不要因此迷失自我、得不偿失。

领悟六：制造更多的误解与人际冲突

不仅“面对面”时要注意社交礼仪，电子通信发达的今日，运用短信、电子邮件及其他通信软件也要注意礼貌。电子邮件除了应符合一般书信的格式外，也要留意措辞，莫过于简单而失礼。网络通信的速度快但私密性差，更要注意可能发生的错误与危机，一旦传送出去即难以弥补。

不少人公私混淆，把私人恩怨（包括恋爱、工作、家庭、学校等）搬上网络，在网站、微信上针对某些人发布负面信息，把它变成“公共论坛”。于是，认识与不认识的人都知道发生了什么“丑闻”（出轨、拐骗、欺压……），而且加入讨论（通常是“不理性的”字眼）。“人言可畏”之下，使某些人遭到网络围攻、霸凌，甚至危及正常工作、家庭、生活及生命安全。对于最初的发布者其实也没得到什么好处，情绪宣泄之外，还有人际关系的破裂，及可能遭到意想不到的反击（例如触犯相关法律、工作上被开除）。所以，不论你是学生或已就业，都要注意学校及企业网络使用规范。

问题与思考

1. 在处理人际冲突的态度上，你觉得自己是消极者、攻击者或自我肯定者？为什么？

2. 有关情绪与冲突管理，下列观点或做法你同意吗？（参考答案及解析，见本书附录）

（　）（1）许多冲突其实是自己想象出来的，只要忍耐、不计较，一段时间后冲突自然消失。

（　）（2）人与人之间若从未冲突，可能是不太在乎对方。注入若干冲突，反而可让人际关系再度活跃。

（　）（3）情绪表达是以各种形容词来“描述”自己的情绪，而不是“评断”别人。

（　）（4）负面情绪可借着压制来消除，或设法表现正面情绪来取代它。

（　）（5）人际冲突时不仅要调节自己的情绪，也要体会及安抚对方的情绪。做到比想象中困难，尤其是要原谅对方。

（　）（6）幽默能化解冲突，大家都应放轻松，不要把事情想得这么严重，就可以“一笑泯恩仇”。

案例讨论

◆案例一

阿俊和爸妈相处得很不好，阿俊看到父母就很有压力，因为他们又要“碎念”功课的事了。从小学到现在，阿俊本以为考上明星高中之后，耳朵就能安静了。但不料如今都考上顶尖大学了，父母仍不满意，对他还有更高的期待。表面上，其他的亲人如爷爷奶奶外公外婆阿姨叔伯等，都看不出他们的亲子冲突，还夸奖他聪明懂事。在外面，他只好继续“装乖”，但心中不免会想“到底我还要忍多久”？如果你是阿俊，会怎么做？

◆案例二

阿丹觉得自己不快乐，遇事容易想到最糟的一面，所以悲观、消极、自卑，做什么事都提不起劲，他怀疑自己得了忧郁症。但如果说出来，大家一定会笑他。爸妈会觉得他吃饱太闲、胡思乱想，或觉得非常丢脸，正常人绝不能进精神科。阿丹也常自我冲突，不确定自己是不是生气、难过、伤心……还是过于大惊小怪、很难搞？如果你是阿丹，会怎么求助或找到答案？

第八章
建立圆融的人际关系

第一节　家人关系与个人发展

第二节　性别平等与婚姻教育

第三节　内方外圆，广结善缘

我们暂时不生孩子，不是不想给您抱孙子，而是想等工作更稳定，才有时间陪伴孩子，而不是把孩子丢给您照顾。
好感动，儿子媳妇都这么为我着想……
对啊！妈~我们的目标是要让您轻松抱孙子，又有时间三代一起出游啊！
我真的误会你们了……
温情攻势
成功！

● 人际金言 ●

有子曰："其为人也孝弟，而好犯上者，鲜矣；不好犯上，而好作乱者，未之有也。君子务本，本立而道生。孝弟也者，其为仁之本与！"（《论语·学而篇》）

"百善孝为先""忠臣出于孝子之门""太阳光大，父母恩大"（证严法师语），儒家及佛教都十分重视孝道，认为能尽孝的人与人交往时也会竭尽心力；也就是说，"孝"为做人的"根本"。如孔子所说："爱亲者不敢恶于人，敬亲者不敢慢于人。"（《孝经·天子章第二》）

提倡孝道不仅是道德的主张，从情、理、法各个角度也都有其根据。以"情"来说，亲子间浓郁的血缘及亲情，使子女像磁石般被"温暖的家"所吸引。长大离家也时时感念父母、寻思如何回报，不会弃父母于不顾。

以"理"来说，心理学的不少研究证实：亲子关系良好，有助于未来人际关系的发展。因为人生早期对父母的"依附需求"获得满足，感受到父母无限的重视与呵护后，就能产生安全感及对人的信任。日后即能自重尊人，接受别人的关爱并乐于帮助别人，与人建立长远、信赖的关系。

以"法"而言，最亲密、无利益冲突的家人之间，若必须对簿公堂，“清官难断家务事”，就已到最消沉、无奈的地步。“家和万事兴”，能与家人和谐相处，对于他人也会一样友善。

青少年时期的“情爱沟通”，从身心发展来看，是“非教不可”“不可不教”的功课。不少父母担心“性教育”是否为变相的“性开放”，万一怀孕或感染性病甚至艾滋时怎么办？与其担忧却逃避、压制，不如面对现实，“正面”帮助年轻人，解除对于“性与性别”的神秘色彩。如画家高更（P. Gauguin）所著《生命的热情何在？》所说：“当大溪地的男女都裸露上身，久而久之，它就显得十分自然，不致唤起任何不当的遐想了。”

爱情与婚姻的经营需要教导，若生理成熟但心理不成熟，对爱情与婚姻的价值观偏差，即无法承担家庭及养儿育女的责任，造成更多的伤害与悲剧。情场不同于考场，不是用功准备即可顺利过关的。如何吸引对方注意、适当表达情意，约会行程的安排、交谈的话题、生日送什么礼物等，都要十分用心。当对方不接受你的情意或想要分手，该怎么办？考场有把握得100分的优等生，情场上未必能掌握对方。结婚以后要面对的人际关系更加复杂，如：婆媳、翁婿、姑嫂、妯娌等。姻亲关系的好坏，一样无法与学历成正比（甚至可能成反比）。

儒家提倡“仁爱”与墨家的“兼爱”不同。儒家认为“爱有差等”，应“由近及远”，从对父母的“孝”、对手足的“悌”开始。家人关系处理好了，才有可能推己及人。家人若能相互扶持、同甘共苦，则任何难关都能渡过。要学习人际相处、建立圆融的人际关系，应从夫妻关系、亲子关系、手足关系开始。“君子之道造端乎夫妇”“国之本在家”，做人的根本也在家庭。

第一节
家人关系与个人发展

现代的亲子关系，无法以传统“天下无不是之父母”的观点来衡量。好的一面来看，家人关系平等，能相互尊重。对长久以来受压抑的女性及晚辈，不啻一大福音。“尊重”可使家人之间更真诚、充分地沟通，家庭气氛也较和谐愉快。如今不能出现不尊重、拳脚相向的场景，这是“家庭暴力”，不是“亲情”。但若过于强调平等、平权，“变质”为只要求对方尊重，却少了相互的尊重。加上沟通素养与技巧不足，就可能演变成家人间经常的争执，造成离家出走、分道扬镳的悲剧，家人变成仇敌或陌生人。

受到西方文化的冲击，我国原本注重的家庭伦理也被冲淡。西方子女直呼父母、祖父母的名字，成年后与父母“分开”，不受“孝道”观念所束。以我国的民族性来说，虽不至于“开放”到与父母“没大没小”，但也受到西方思潮影响，加上“小家庭”盛行，独居老人日增。无法三代同堂并非关键，不同住还是可以增进亲情。若变成漠不关心、很少来往，就可能发生老人死亡多日才被发现的人间悲剧。

一、现代孝道的省思

欧美家庭自小强调独立，子女长大后靠打工赚取生活所需，不能依赖父母。就学（读大学起等）及创业均由自己安排，没有所谓“祖先庇荫”的观念。西方子女在经济上靠自己，但情感上仍与父母联系；加上西方父母较会安排自己的生活（穿着鲜艳，经常旅游等），所以亲子关系不错，彼此也没有负担。我国则扭曲了西方文化的精髓，变成经济上需要父母，情感上却与父母疏离。不少父母对孩子几乎是“有求必应”“无微不至”，甚至“无限量供应”。包括子女就学（可供应至博士班）、创业、结婚、置产，都是父母的责任。子女成家后，却理所当然地将全部心思放在自己的家庭上，与父母几乎断了线。我国传统型父母一直为子女付出，从未为自己过活。晚年“枯坐”家中等着子女回来探望，愈等愈痛苦。“孝道”发展至此，着实可悲！

图8-1　每个人都会年老，你希望年老时受儿女冷落吗？（图片来源：ShutterStock）

受到民主思潮及“尊重儿童”观念的影响，现代父母很少用传统孝道要求子女，如：

1. 在父母面前坐卧行止等各种动作均须合乎礼节，不能太随便。包括：不能咳嗽、打喷嚏、伸懒腰、搔痒、穿着睡衣或内衣裤等。

在父母舅姑之所，有命之，应唯敬对。进退周旋慎齐，升降出入揖游，不敢哕噫嚏咳欠伸跛倚睇视，不敢唾洟；寒不敢袭，痒不敢搔；不有敬事，不敢袒裼，不涉不撅，亵衣衾不见里。（《礼记·内则篇》）

2. 对父母态度恭敬、轻声细语，不可违抗、忤逆。即使父母有过而想劝谏，仍要保持恭敬，脸色、语气要更柔和。

子游问“孝”，子曰：“今之孝者，是谓能养；至于犬马，皆能有养；不敬，何以别乎？”（《论语·为政篇》）

子曰：“事父母几谏，见志不从，又敬不违，劳而不怨。”（《论语·里仁篇》）

父母有过，下气怡色柔声以谏，谏若不入，起敬起孝，说则复谏，不说，与其得罪于乡党州闾，宁孰谏。父母怒不说，而挞之流血，不敢疾怨，起敬起孝。（《礼记·内则篇》）

3. 侍奉父母要任劳任怨，保持最好的神色与态度，尽力使父母快乐。

子夏问“孝”，子曰：“色难。有事弟子服其劳；有酒食，先生馔；曾是以为孝乎？”（《论语·为政篇》）

曾子曰，孝子之养老也，乐其心不违其志，乐其耳目，安其寝处，以其饮食忠养之孝子之身终，终身也者，非终父母之身，终其身也；是故父母之所爱亦爱之，父母之所敬亦敬之，至于犬马尽然，而况于人乎！（《礼记·内则篇》）

上述要求对现代子女几乎是不可思议，甚至是天方夜谭。不过，现代父母却要学习接纳及给子女最大的发展空间。

然而，为人子女也能这么尊重父母吗？目前单亲家庭增多，父兼母职或母兼父职，在经济及亲子关系上的负荷较重。若子女不能体贴单亲父（母）的辛劳与心情，不能好好处理自己的课业及其他，甚而抱怨父母的关怀不足而自我放纵，将使单亲父（母）怀疑自己的辛苦付出值不值得，因而伤心不已。

为人子女也不要一味责怪父母唠叨、落伍、难以相处，却不知自己也别扭、固执、难以沟通。父母要放下身段与子女做朋友，子女也要屈意承欢，使父母感到快慰。人与人是相互的，双方都要付出心力，才能事半功倍。而今提供父母学习“与子女相处之道”的演讲与课程很多，因为子女还未成年，需要父母的正确引导。子女不论是否成年，也都应负起责任，努力增进与父母的关系，化解彼此的冲突。

二、如何“增进”家人关系?

当我们想结识某人，希望日后与之相处且合作愉快，就必须先“建立”良好的人际关系。若我们的个性较内向、胆怯，希望改变自己、走向群众，则须努力去“拓展”人际关系。家人关系是人际关系当中最不需要“建立”及“拓展”的一环。自出生起，家人就已“存在”，是自然的关系，父母“竭尽心力”呵护我们。家庭是“封闭”团体，数来数去就那几个家人，也较难“拓展”。因此，不少人对家人关系的看法最消极或过度乐观。“消极”是指：家人关系既然定型，无须特别努力，反正不会改变什么。“乐观”是指：父母爱子女是天性，不论子女如何，父母都会包容、关爱。

其实不然，人际间是互动、互惠的。为人子女感念父母的苦心，父母就感到欣慰，牺牲再大也觉得值得。反之，子女一再辜负父母的期望，使父母气恼、烦忧与伤心，久之，火热的心也会变冷。子女对父母的“反馈”，不是狭隘的孝敬金钱、送礼物，而是善体父母的心意、分担父母的劳烦，使父母因子女懂事、贴心而感到喜悦，这种精神反馈远大于物质的孝敬。

我们常把父母想得太神圣，以为他们永远默默付出、不求反馈，无论子女再糟、犯错再大，父母都无条件地原谅与接纳。这些的确是为人父母的天性与责任，但从另一面来看，父母也有情绪感受，会生气、心碎，也期望欢喜、快慰。若子女努力增进亲子关系，加添父母愉快的情绪，亲子情缘会更加亲密，不枉父母一生用心保护、疼爱子女。手足亦然，应珍惜这一世相陪、提携、支持、合作的缘分，做个永远的“好朋友”。手足相处的时间，可能比与父母相处的时间更长，所以需要用心“栽培”。

从子女的立场来说，增进亲子关系的技巧称为“孝道”。看到古代“二十四孝”的故事，可知“孝子”不是天生的。从心理学理论分析，“孝行”可由下列三方面学习。

（一）增强

父母以口头、物质鼓励或愉快的神情，使子女知道自己的行为正确且令父母开心。“良性循环”之下，为了使自己得到更多赞许，能“讨好”父母，就会持续表现这类“孝行”，终至成为懂事、体贴的好孩子。

（二）模仿

父母直接教导与间接示范，以及学校、社会对孝道的提倡，使子女看到“楷模”而加以模仿（又称“社会学习”）。所以父母、师长及任何有“移风易俗”责任的“君子”（官员、学者、公众人物），都须格外注意自己孝道的观念及言行。

（三）认知

虽然每个人的认知成熟度不同，但青少年阶段即能独立思考判断，及抉择自己的言行，对自己的行为负责。如果父母生气、伤心，应反省自己的态度，而非一味怪罪父母不开通、不了解、干涉太多或令人厌烦等。

如何知道自己够不够孝顺？有下列三项衡量的指标。

（一）是否有意、无意地惹父母生气、伤心？

“无意的”不孝是指，年幼时不懂得整理自己的房间、衣物，增添父母许多烦累。“有意的”不孝则是，青少年阶段以后仍然事事依赖父母，让父母操心，丝毫不以为自己有错。不少年轻人房间凌乱、衣物乱放、丢东忘西、赖床、迟到等，却责怪父母没有帮他（其实是帮得太多了）。自己疏忽或犯错时，也把责任推给父母，甚至在父母伤心之后，仍振振有词地表示都是父母的错。1998年发生在新北市林口区的弑亲血案即是如此，19岁的林清岳不满父亲对他严厉管教，竟与友人共谋杀死双亲，均分他们的财产。

（二）有否“相对的”对父母付出同样关怀与协助？

我们常埋怨父母对自己不够了解、关怀与支持，却忽略父母年龄渐增、体力渐衰，也面临许多社会压力及挑战，需要子女了解、关怀与支持。所以当父母询问我们：“累不累啊？要不要吃点东西、休息一下？”为人子女者也应回报：“爸妈也累了，先休息一下，我来帮您捶捶背。”

（三）是否努力增进与父母的沟通及相处？

不少父母因年纪、个性、学历、成长背景、身体状况、心情等缘故，有时会发脾气、难以沟通，子女能否了解及体谅，设法与之沟通。现代社会提倡亲职教育，许多父母努力学习亲子沟通技巧；若子女亦能同步成长，就像两人相向而行，很快就能交会。否则反向而行，结果渐行渐远。年轻人难免血气正盛，但能情绪失控而对父母出言不逊、大吼大叫吗？

其实父母很容易满足，只要子女在下列地方稍有改善即可。

1. 打算做什么或有什么生涯计划，尽量先让父母知道、多与父母商量。

2. 对于父母正确的命令或告诫不应违背，对于父母的劝告、纠正能静心听完。

3. 体谅父母的用意与苦心，保持应有的恭敬之心与态度，不要任性违抗或故意忤逆。

4. 努力增进父母愉快的感受，注意对父母说话的口吻及措辞，避免不必要的误解与冲突。

5. 希望父母如何对待自己时，亦能“将心比心”，用同样的方式对待父母。如：积极聆听、赞美鼓励，以认真的态度交谈、接纳父母的情绪、不乱发脾气、承认自己有错、道歉等。

父母的要求真的不多，当我们离开家庭、进入社会以后，碰到的人都比父母挑剔许多。如果父母对子女过于宽容，使我们连基本的做人道理都不懂，日后将难以应付复杂的人际关系。所以，学做人就从家庭开始，除了与父母建立良好的关系，手足之间也是很好的同侪关系练习。

但与手足相处，并不如想象中容易。子女若感受父母不公平或偏心时，即可能影响身心发展，甚至崩解家人关系。2016年底，发生一起少年杀死亲妹妹的人伦悲剧。16岁李姓高中生和14岁妹妹发生了争执，动手将妹妹杀害，再去警察局自首。警方透露，当时他们赶到命案现场，客厅满地是血，少年手法相当残忍。少年在他面前接爸爸的电话时，还大声反呛："我以前就跟你说了好几次，要杀妹妹，你都不听！"警方调查指出，哥哥供称不满父母总是要求他礼让妹妹，长期下来令他觉得"爸妈偏袒妹妹"，内心非常不平衡，"想杀妹妹的念头已经很久了，但现在很后悔"。

第二节
性别平等与婚姻教育

1998年，"清大"硕士班研究生许嘉真被同学洪晓慧杀害，并遭泼洒王水毁容，事件震惊整个社会。杀人动机因三角恋情——两女同时爱上一位博士班学长，双方"谈判"不成，使洪女动了杀机。这件事发生在一流的大学，可见会读书的聪明人也不见得能处理感情这种"小事"。最后博士班学长被退学，洪女判刑18年、民事赔偿两千多万。2008年底，洪女服刑十年八个月后假释出狱。洪女尽管忏悔、希望得到许家父母的原谅，但许家想到女儿死时的惨状，永远无法释怀。

2014年，也是一起高才生情杀案。毕业于“建中”、“台大”的张彦文，因不满女友要分手，逼合不成，在女友住处附近，持水果刀刺杀女友。这起发生在白天、多人目睹的惨案，震惊了整个社会。张男庭讯时说高中起就有暴怒症，与女友争吵时曾情绪失控甩了女友耳光；女友因畏惧而想分手，但张男恐吓若分手就杀林女。张男有不正确的爱情观——以金钱来表达爱意（帮女友买礼物、付房租、带女友出国旅游），花了很多钱仍无法挽回情人的心，也是使他愤怒难平的原因之一。礼物或金钱固然是表达爱情的一种方式，但仍应真心诚意且量力而为，不应要求对方对等的回报。

一、何谓真爱?

以身心发展来说，小学高年级起进入“青春期”（第二性征的发展），即对异性产生兴趣。以今日性观念开放，但却普遍晚婚的状况来看，应善用从男女交往到结婚，至少十年的时间，找到“适合”且“合适”的人生伴侣。若拿捏不好则情路坎坷，对爱情没有信心，甚至造成无法弥补的憾事。近年，恐怖情人与情杀事件增多，不论是伤害对方（包括伤及无辜）或同归于尽，都令人唏嘘，深感“不智”与“不值”。可惜“当局者迷”，常愈陷愈深、难以自拔。

对爱情的追求“勇敢”，却弄不清何谓“真爱”，就会发生“损人不利己”的结局。

2017年12月，世新大学一名陈姓男大生苦追学妹，时间长达五年。学妹不理他，他竟预藏水果刀，尾随学妹进入教室，将学妹压在桌上连刺三刀。后来遭到助教吓阻才弃刀，所幸学妹伤势不重。

两人原就读同所高中，陈嫌在地铁遇见学妹后，即展开热烈追求。大学时两人不同校，陈嫌特地为她转学到世新。学妹长久以来遭陈嫌骚扰及跟踪，动怒在微信上写着：“你跟蟑螂是差不多的存在。”“就算全世界男人都死光了只剩你一个，我也不会喜欢你。”陈嫌留言说：“我只是不想搞到两个家庭破碎而已，所以想以和为贵。”“是不是我死了，你就会解脱了。”

学妹语气强硬地要陈嫌勿再跟踪骚扰，但陈嫌仍持续跟踪，以致学妹到交通分队求助。警员通知陈嫌父母到场，告诫此举犯法，陈嫌却说：“我就是喜欢她。”

情绪冲动、失去理性、毁了对方，这绝不是真爱。有些年轻人爱得随兴，所谓“一夜情”“网络情”，大胆爱过结果如何？中国台湾地区十五至十九岁青少年的堕胎率，2007年为5.58‰，高出韩国近2.5倍、日本1.3倍。根据2015年“高中、高职、五专学生健康行为调查”统计，推估青少年曾怀孕人数为3149人、曾堕胎人数为2585人，但低于该年度统计十五至十九岁未成年少女怀孕生子人数3167人。对此，有关方面表示“因为医院申报的RU486（堕胎药）没有年龄登记，所以不清楚状况”。

2004年，中国台湾地区十五至十九岁少女生育率高达9.7‰，是韩国的3.5倍、日本的2.4倍、新加坡的1.2倍。2007年诞生的台湾宝宝，有16.2%是十五至二十四岁年轻妈妈未婚怀孕所生。据青少年健康行为调查发现，台湾地区十五至十九岁青少年曾有性行为者，由

1995年8.0%上升至2011年13.7%；最近一次性行为有采取避孕措施的比重从2009年69.5%上升至2011年72.8%；曾经怀孕率从2009年1.8%降到2011年0.7%；人工流产率从2009年1.5%降到2011年0.5%。显示青少年的性行为比例虽然增加，但在采取避孕措施上则有提升，曾怀孕或曾人工流产的比例也在下降。每两年进行一次的高中、高职及五专在校学生性知识、态度与行为调查也发现，青少年发生性行为时采取避孕措施的比例增加，曾怀孕或曾人工流产的比例下降。2017年的调查显示，十五至十七岁在校青少年约10%曾有性行为，性行为时有避孕行为者约八成。

根据文献及调查显示：青少年时期生育，对少女及婴儿均会造成严重的健康后果。年轻妈妈或爸爸，大多无法尽责照顾子女，须由祖父母或姑姨等亲友代为抚养，或使婴儿在复杂的家庭中成长（有新同居人或结婚），生活对他们来说是艰辛而哀怨的。由于得不到足够的关怀，求学过程容易成为弱势、被欺凌的族群；为了自保，又转为欺凌同侪。对于自我痛苦的麻木，使他们在欺凌别人时，也忽视别人的痛苦。

年轻人能否因此警惕，在性行为可能发生时，想到非婚生子女的成长困境？当“爱得不顾一切”时，还是应慎重思考及判断下列事项。

1. 何谓真爱？由哪些地方可以衡量？

2. 随着爱而来的欲望是否算是真爱？不能满足对方的欲望，是否表示不够相爱？

3. 爱与婚姻（天长地久）有否关联？能不能只要“爱”的欢愉，而不要“养儿育女”的责任？

4. 单亲或隔代教养有哪些“缺失”？

现代的家庭形态已有很大改变，某些“名人”选择不婚或离婚独立抚养子女，甚至成了“典范”。其实他们也有难言之隐，不如表面看上去那么顺利。从子女的立场而言，“被迫接受”单亲的事实与环境，是否觉得委屈？所以恋爱时须理性思考、权衡利弊得失，不能盲目躁进、承担太大风险。

为了避免青少年不知如何避孕，或无法获得避孕措施，有关部门开展了青少年性健康促进服务，建置青少年网站。于该网站的提供正确性知识及匿名的未成年怀孕等视频咨询服务。有关部门联合多家医疗院所，办理“青少年亲善医师／门诊”，回答青少年生育保健相关议题，协助青少年面对其健康及怀孕之决策。未来将面向全台各县市，设置“青少年亲善医师／门诊”之目标推动，另设未成年怀孕咨询服务及专线，提供法律咨询、经济申请协助、安置（未成年妈妈之家）及出养等服务。

二、婚姻悲剧与原生家庭的影响

不少婚后的悲剧，殃及无辜的小生命。甚至是受到原生家庭的影响，恶果代代相传、一再重演。例如，社会新闻经常出现父母感情失和，带着未成年子女自杀的报复行为。

父母本应尽到护雏的职责，但因自己成长的过程中也有心理阴影，未及时治疗或辅导的结果，导致无法成为称职的父母。

表8-1　儿童及青少年受虐人数统计

年度	2013年	2014年	2015年	2016年	2017年	2018年
受虐人数	34,545人	49,881人	53,680人	54,597人	59,912人	54,795人

根据资料，近年儿童及青少年受虐人数有增长趋势。从前看到“别人”的家庭暴力、听到受虐孩子的哀号，只能重重叹气；而今若要有效降低儿童及青少年受虐事件，当发现有少儿受虐事件时，应立即通报113妇幼专线或各地“家庭暴力与性侵害防治中心”（简称“家防中心”）。

一般人以为婚姻暴力是妻子激怒丈夫，事实上，许多婚姻暴力个案原本就有暴力倾向（如：家暴受虐者或目睹者），并非情绪失控的偶发行为。婚前别天真地以为“爱情很伟大”，其实来自原生家庭的负面影响更难撼动。

三、美好姻缘靠学习

“姻缘天注定”“佳偶天成”“百年好合”只是一份祝福，否则离婚及单亲数量不会惊人增长。诸多研究及调查发现，单亲家庭有许多不利于儿童成长、发展之处。例如：家庭收入较低、物质条件不佳、文化刺激不足，使儿童早期发展较差，造成日后竞争力不足、犯罪率较高，与父母的关系较疏离、紧张等。要预防单亲子女犯罪、增加其成功机会，关键在于“亲子关系”。单亲父（母）要给子女足够的关怀，注重亲子沟通的质量。

单亲父（母）在经济及教养子女的层面上负担较为沉重，情绪上得不到充足的支持与纾解，所以父母早逝率较高。瑞典一项研究指出，单亲母亲五年内的死亡率，比有配偶的母亲高70%（《联合报》34版，2000年4月8日）。

所以我们应重视婚姻的承诺，美好、持久的姻缘不能依赖老天安排，要在婚前积极学习下列事项。

（一）找寻楷模

世间反目成仇的夫妻不少，但恩爱白头的也很多。

2007年6月，任职台北市内湖垃圾焚化厂的黄智勇，为了一圆罹患小脑萎缩症妻子蔡秀明环岛旅行的梦想，推着坐轮椅的她，利用放假时间，以分段接力方式徒步环岛旅行。他们用半年的时间锻炼腿力及体力，在未征询医师意见的情况下就出发了。每天约走二十公里，吃、住随缘（免费的庙宇、学校、凉亭，甚至公墓）。每二十分钟就要停下来，让妻子平躺休息，并帮她按摩。见到迷人的风景，蔡秀明总咿咿呀呀地说："这儿好美！老公，加油！我很开心。"这些话就是鼓励黄智勇前进的动力。最后他们花费近一年的时间，走完了全程。蔡秀明于2009年9月病逝，他们的故事在2011年被拍成了电影《带一片风景走》。

中山大学化学系教授李良修，36岁时告诉妻子："我得了帕金森症，将来有可能不能动弹、不能表达，甚至会像白痴一样，手不停地抖动、嘴巴不停地流口水。"妻子镇静且坚定地安慰他："没关系，我一定会帮你擦口水！"（戴晨志，2000；李良修，1999）

支持李师母走下去的力量，一方面来自结婚时在上帝面前立下的"誓约"（"不论他健康与否，我都要一辈子爱他、保护他"），而今是实践承诺的时候了。另一方面则由于她确信"如果今天换成是我得了帕金森症，良修也一定会守住婚姻盟约，照顾我一辈子"。多年后，李教授的病情更加恶化，她索性辞去工作专心照顾丈夫。

（二）学习尊重

每年的11月25日是“国际消除妇女暴力日”，来自全球的男性朋友在这一天会佩戴白纱带，宣示反对妇女受暴的决心。长久以来“男尊女卑”的观念，使妇女在身心方面都未得到应有的尊重与发展。除了应立法保障妇女的人身安全及尊重，如：性别工作平等法、家庭暴力防治法、性侵害犯罪防治法，也应积极展开教育及社会运动，呼吁大众尊重女性，鼓励学校及各职业单位开设性别平等教育课程。更重要的是，女性自尊意识的抬头及男性愿意放弃优势地位，这样才能真正保护女性免受侵扰，保障女性应有的发展空间。

工作场合或婚姻中均应立法保障女性权益，透过观念及行动维护性别平等。尤其男性要“加紧脚步”学习尊重及支持女性。成功女性的背后，需要支持她发展事业、分担照顾家庭及子女责任的老公。

（三）培养沟通的素养与能力

爱情若流于“激情”，只有生理成分，是不理智的爱。正确的心态应是：并非为了一时欢愉，而是负责地、理性地认识对方。爱情虽不乏激情成分，但要“许他一辈子”不是儿戏，必得综合分析、充分思索。包括：清楚自己及对方是否“适合”且“合适”，尤其是个性及沟通模式，更须兼容而非相斥。不论恋爱时彼此多么“心心相印”，经过现实生活的考验后，就会开始质疑“他到底在想什么”？若婚后才发现对方乱发脾气、出口伤人，“苦日子”将没完没了。

以历史演进来看，婚约由极端保守，全凭父母之命、媒妁之言，到今天“自由恋爱”“快餐爱情”，认识不久即“两情相悦”，开始“盲目约会”，不顾对方是否具有暴力倾向。为避免日后“逃脱不了虎口”，婚前“务必”清醒、理性，多花一些时间及多角度认识对方。

争执有时是为了找到日后沟通的模式，失恋、分手也是情爱沟通中相当重要的一环；要“好聚好散”不要“两败俱伤”。不论是寻觅佳偶或让自己成为被追求的佳偶，都要相当地努力。互敬、互爱、互谅、互助等人际相处原则，也是婚姻必备的条件。从许多怨偶的案例可见，“沟通不良”是离婚的最重要原因。因此，双方是否有足够的沟通素养与技巧，是择偶过程中最重要的考验，否则容易因相互威胁而战事不断。

（四）分手的最佳处理

“分手”类似“人际冲突”，处理不当也会酿成悲剧。一般分手策略有下列四种（J. Daniel，1996）。

1. 正向语调信息：试着让对方不觉得受伤害，且表示并非完全断绝关系。

2. 疏远信息：减少见面，并提出理由解释为何如此。

3. 退缩或逃避：不提分手，却故意避开对方。

4. 负面认同管理或操纵：不考虑对方感受，激起快速分手的情绪。

前两者的处理方式较佳，以缓慢、渐进的方式慢慢脱离；后两者则可能造成较大伤害，有时还会产生情杀、自杀的悲剧。

如何避免分手时身心受到伤害？这得靠“理性”来克制。提出分手的一方，不要过于“直截了当”（杀伤力太强）而激怒对方，如：表明已有新男（女）友，让对方看到自己与新男（女）友的亲密互动，甚至拿前后任相互比较（当然是新的比较好）。最糟的是，新男

（女）友是原先认识的人，甚至陪着一起来谈分手。

分手谈判不要单独赴约或到僻静无人之处，以免某方情绪失控，后果不堪设想。要让家人、朋友了解你们的交往情形，告知亲友你们要分手的信息。必要时须搬家、换手机号码、改变出门及回家路线，甚至是换工作，避免对方找到你。若对方有暴力倾向，可向法院申请保护令。

不能理性分手的悲剧，除了身心受创，还可能名誉受损、触犯法律。经常发生分手后，某方为了报复，散布对方裸照或将私密性视频放上网的事情。这样做实在不明智，不仅伤害对方、不能挽回情感，还会触犯法律。

第三节
内方外圆，广结善缘

人际关系因亲疏远近而不同，有些看来没那么亲近的人，仍要设法维护及增进关系，以免日后更难相处。例如婚前婚后都要考虑对方的家人，多与之互动，因为他们对你所爱的人来说，仍然十分重要。

师生关系也类似，班级教学之下，师生间未必很熟悉，平时若不接触，等你需要老师写推荐函时，就很难开口（却很容易被拒绝）。工作关系就更重要了，即使是较大的机构，也不能以“人太多”当作“少互动”的借口。所谓“一回生，二回熟”，要扭转自己惯性的观念与做法，走出人际互动的“舒适圈”。

一、与姻亲相处

姻亲不仅是法律关系，也是我国重要的文化传统，尤其是婆媳关系。婆媳相处容易存在压迫、委屈及误解，如报载《婆媳是非，难断——一个好放心，一个不放心》：

> 昨天小弟打来一通电话：大嫂又和妈妈大小声（编者注：闽南语，大呼小叫之意）了。怪只怪母亲一心向着儿子，认为跟儿子住才是天经地义的事。所以两个孙子都是母亲呵护长大的，大哥的衣服是母亲洗的。大嫂嫁给大哥后，仍全心念她的硕士班、博士班，完全没有后顾之忧。……由于大嫂忙着经营自身，“媳妇”与“妈妈”这两个角色，只是附加的，所以她不“用心”。……每回我回娘家，只见母亲在厨房里忙着张罗吃食；吃饭时间，妈妈一定要先喂饱、安顿好两个孙子，才会安心坐下来吃顿饭。（千田，台湾《中国时报》38版，1999年9月14日）

由这篇婆媳相处的文章可见，彼此的期望、认知、生活方式有很大的差异，加上缺乏沟通协调，误解与积怨日深。文中的媳妇真的不愿尽为人媳、人母的职责吗？还是被“剥夺”了参与家庭生活的机会，如：为先生洗衣、陪伴儿女成长等。为文的这位小姑，曾与大嫂好好沟通吗？曾“公正”地（也为大嫂说情）与母亲沟通吗？这位被批评的大嫂，要如何与姻亲沟通，才能避免对彼此的不满及误解呢？

婆媳之间若涉及隔代教养，冲突更多。谈到教养，祖父母也不可放任、溺爱，要与孙子女合理沟通。多充实教育知能，增进管教效能，避免过度宠爱。

婆媳相处不易，有人以“天敌”来比喻，使人更想逃避。现代婆媳关系应视同家人、朋友与伙伴，要坦诚、平等、尊重、开放地沟通。婆婆要跟上时代脚步，不以权威镇压或情绪化的方式对待媳妇。媳妇也要尊敬及感谢婆婆，有困难或需求时提早向婆婆表达。

昔日“媳妇熬成婆”的时代，媳妇无非是沉默、顺从与吃苦耐劳。而今，要媳妇单方面委屈已不可能，还是应以“自我肯定者”自居，学习“开放地说服”及“问题解决式的讨论”。将姻亲关系的问题，技巧地提出来讨论（小夫妻俩先行商讨），大家才能真实互动、长治久安。

婚姻不是两个人的事，婆家与娘家常会参与其中。在孝道及传统观念的压力下，很容易发生冲突。假使婆婆要求媳妇放弃不错的工作，回家相夫教子或帮忙夫家生意，媳妇该怎么办？面对“妈宝型”的男人，丈夫与母亲的感情太紧密，又该怎么办？如果婆媳同住，婆婆看不惯媳妇的态度及生活习惯，该怎么顺应？三代间教养观念及做法不一致时，该怎么调和？一旦婆媳不和，对家庭及下一代都有极大的影响与伤害，甚至导致离婚。此时扮演儿子及丈夫角色者，若能以同理心分别了解母亲及妻子的心情，居间调解彼此的差异，应是最有效的沟通。

姻亲相处除了“婆媳关系”，男性也应学习如何与岳家相处。不能单向要求媳妇孝顺公婆，即使婆媳和平相处，也可能是女性被迫表现的“假象”，并没有真正的情感。男性若真正尊重妻子，也要学习与妻子的家人相处，要有相称的付出。

谈恋爱时不可只要“浪漫”而忽略“人情”，以为拥有彼此即是一切；结果会因婚前准备不周，婚后产生许多不必要的姻亲冲突。

所以，谈恋爱时也应与对方的家人建立良好关系，日后相处会较为愉快。

姻亲关系与原生家庭不同，是法律形成的亲戚，也会因离婚而改变。介于家人与一般长辈或朋友之间，不那么熟悉或亲密，却要努力熟悉或亲密。沟通的原则相同，都要相互尊重、倾听、发挥同理心。若与对方的家人有误解，配偶应出面与各自的原生家庭沟通。

二、师生沟通

从前所谓“一日为师，终身为父”，但如今师生之间较为平等，已不特别强调“尊师”。但教师仍应看重自己的责任，多为学生的前途着想，以“教不厌，诲不倦”的精神，给予学生需要的指导与关怀。在不少地方，老师的影响力大于父母，可多协助家长引导学生的言行举止（家长更应该“敬师”啊）。这是教师的使命感，也是人生意义与成就感的来源。

初中以上有不少实习或技艺课程，会与业界的老师接触。业界老师也可能成为你职场的入门师傅，甚至是你未来的老板。老师及业界老师以其经验，教导你在职场沟通上之主从关系、同事之间的沟通，应该虚心学习。“谦虚”并不容易做好，有以下三大原则。

1. 个人的谦逊之道：不陷入自满，找出自己不足之处加以改善。

2. 对他人的谦逊之道：尊重对方，说话或开会时多倾听别人的意见。

3. 彼此的谦逊之道：屏除对其他部门的傲慢态度，组织之间互助合作。（金熙洙，2016）

你希望日后能一展长才、步步高升，就要学习不张扬自己的能耐，广泛尊重及听取各方意见。从听取老师的教导开始吧！日后必能得到贵人相助。

三、友情沟通

朋友的范围很广，端视你与别人互动的态度与程度而定。如果你不喜欢与人互动，即使天天见面的同学、同事、邻居，也不会熟悉。从幼儿园开始，遇到最多的就是朋友，若不想与人互动，不参与团体或社团活动，不仅不能深化及拓展人脉，也无法磨炼沟通技巧。一旦与人冲突，即使小事也不知如何化解，引起很大的痛苦及不良后果，包括：孤僻、被排挤或霸凌、绝交、以暴制暴、报复等。

“少子化”的现象使成长过程中愈来愈缺乏团体相处及沟通协调的经验。家庭及学校教育若不注重“表达与沟通”的教育与训练，人际间将因傲慢与偏见，使对立与纷争的状况愈来愈多。

四、化“小爱”为“大爱”

人际相处要学习从自私自利、利己利人，到注重“利他”与社会反馈。2005年，“红十字会”收到当年最大一笔“无名氏捐款”（75万美元）。前会长陈长文在报上发表《天使献爱，用爱编织祝福》（《联合报》A15版，2005年4月8日）：

这世界，一直有许多“可爱”的地方，因为这世界一直有着许多“献爱”的天使。……这世界的爱不曾间断，只是许多人有时会忽略它的存在，特别是当人们忘了“献爱”的时候。因为当我们忘了“爱他”，自然也就失去感受“他爱”的能力。特别是，许多人汲汲于追求“自己”的名利成就，那最基础的中心价值就是，要学会“爱自己”。然而，笔者却愈来愈感到怀疑，人真的能单纯地靠“爱自己”而活吗?

“可爱”的人还包括台北科大的林姓副教授，2006年年底（12月29日），他捐了1255万元给家扶基金会（创下家扶个人单笔捐款最高纪录）。台北科大前电子系系主任赖柏洲说，早在六七年前，林姓副教授就以校友名义陆续捐款1000万元给电子系成立奖助学金，预计捐款十年。赖主任受到感召，也捐出300万元。没想到林姓副教授听到这个消息，又捐出了200万元。林姓副教授说（《联合报》A13版，2006年12月30日）：

我不希望孩子觉得老爸有钱就不努力，所以教导孩子年轻时要靠自己努力赚钱。我只会留一部分财产给孩子，其他的钱全部反馈社会。

“献爱”不是有钱人的专利，我们不必与人竞赛捐款的数字或纪录。可如新北市积穗中学，教导学生只要少吃一点，就能省下些钱来帮助别人。一般人跨年活动都选择“狂欢”，积穗中学却要孩子吃“惜福餐”（馒头配肉松），每人省下35元，共5万多元捐给世界展望会（《联合报》C2版，2006年12月30日）。

黄崑严教授曾对国人的自私自利十分感慨，他说（黄崑严，2005）：

我曾参加一个欢送一位外国媒体工作人的餐会，当有人请他说几句话时，他率直指出，我们是讲究自我方便，不尊重别人权益的民族，道出外国人对我们社会与民族性的观感。

我们应努力通过家庭教育、学校教育、社会教育，扭转“民族性”，使国人成为尊重别人权益的可爱民族。

问题与思考

下列两种情境，请以角色扮演的方式，进行体验学习。

1. 以你对姻亲相处的观察，发生冲突时，你会如何应对?

2. 以你对师生关系的观察，发生冲突时，你会如何应对?

案例讨论

◆案例一

最近多起恐怖情人的新闻，让小琪忍不住怀疑阿展也是个恐怖情人。两人读不同大学，阿展经常传信息问她“你在哪里”？小琪回复后，阿展却说“我不信”，接着又说“你应该是跟小飞在一起吧！你是不是变心了？”小飞是小琪的高中同学，他们交往过一阵子，后来就淡了，也读不同的大学，只有高中同学会时见过一次。因阿展坚持要知道小琪以前有没有交过男朋友，她才说出小飞的名字，不料从此阿展就常怀疑她和小飞旧情复燃。如果你是小琪，会怎么做？

◆案例二

阿月又被自己的噩梦吓醒了，多年前，父母曾半夜争吵，爸爸打妈妈的画面至今仍经常浮现脑海中，阿月怀疑自己得了“创伤症候群”。爸妈早就离婚了，如今她跟着妈妈，爸爸几乎没来看过她跟姐姐。妈妈不快乐，姐姐和她也快乐不起来。姐姐大学毕业后就很少回家，她很想安慰妈妈，却不知该说什么。但其实她更气妈妈，为什么那么久了还走不出来？阿月现在的男友跟爸爸相反，很照顾她，但她还是没办法相信男友。如果你是阿月，会怎么做？

第九章

职场伦理与公领域沟通

第一节　职场伦理的意义与影响

第二节　与领导及同事的正向互动

第三节　用心经营顾客关系

新来的助理提前把工作做完，还把办公室的文件整理得井然有序，找资料变得好容易！
该感谢他让我工作更顺畅轻松了呢！
经理

● 人际金言 ●

做事容易，做人难。

工作一段时间，大家就会慨叹："做事容易，做人难。"做事能力可以依靠学校科系、职业训练或证照考试获得，但做人能力到哪儿学？如何检定？

从小至大，父母师长的口头禅几乎都是："去读书！快去读书！"固然知道"书到用时方恨少"，但除了读死书，实际的人生是什么？在如今高度竞争的时代，父母师长不应再将"好孩子"的标准局限在学科成绩，品德修养及待人处事比起考试高分，更加重要及困难。若不在意"人情世故"，不懂得"进退应对"，即使在考场领先，在职场上仍可能无法获得上司赏识、同事认同、顾客好评，得不到升迁甚至被"永不录用"。

李开复（2006）认为21世纪要求的人才，须更全面、更丰富，能融合七种特质，即：融会贯通、创新实践、跨领域融合、沟通合作、三商皆高，即高智商（IQ）、高情商（EQ）、高灵商（spiritual quotient，SQ）。郑衍基（阿基师）分享"职场六不"（郑语谦，2011），即职场六项沟通禁忌：功高震主、才大欺主、权高压主、妒忌、比较、计较。阿基师认为即使能力、学历比老板高，依然要懂得谦卑。因为一定还有许多不懂、不会的地方，需要别人教导。

学业上讲究赢过别人，考试排名最厉害的PR99（一百人当中赢过九十九人），称之为“顶尖”（我们也称最好的大学叫“顶尖大学”），是学子奋斗的目标。然而“做人”却不能“高人一等”，要“放下身段”。习惯“高高在上”的优等生，改变行为模式可能更加困难。

职场的人际关系不能选择，沟通对象会经常更换。遇到新的上司，其领导风格恰与前任相反时，要努力自我调适。所以，要有效完成工作任务，就得学习和各式各样的上司、同事与顾客相处，要能“跨领域合作”。工作中最大的挫败，来自无法好好沟通，会造成许多损失，如：对工作不满、心情不好、工作成效下降，甚至失业；长期下来会损伤身心健康、婚姻及生活质量。

第一节 职场伦理的意义与影响

职场人际关系不同于私人情谊，不能意气用事以自我为中心；不仅要维护自我形象，更要顾及团体荣誉。要谨言慎行，多思考后果。

一、职场伦理之遵循原则

不论是受雇于企业的专任人员，或是兼职人员，工作上都要遵循下列基本原则。

（一）不随意谈论工作内容及业务机密

这部分要养成好习惯，不在公开场合（包含网络的社群软件）谈论工作内容，甚至是业务机密。无论别人如何询问（有意无意），不该说的就不能泄露。若窃取受雇或受委托企业之业务机密，将企业商品或资产转为私人利益，不仅违反职场伦理，也触犯法律。

（二）表现行业所需之专业形象及高质量

要极力维护受雇或受委托企业之良好形象，注意自己与人互动的表现。尤其是穿着公司制服或代表公司出席会议与活动时，更要爱护团队荣誉，为公司建立良好的“公共关系”，如：热心提供协助、笑容可掬等。在学期间的打工，也应极力维护就读学校的形象。别人会以你的表现来衡量你的母校（包含学弟妹），校友是学校的资产也可能是包袱。

（三）表现高度工作热忱

应自重自律，不要投机取巧或怠工。要不怕苦、不计较，保持情绪稳定。要有礼貌及亲切（有耐心），表现高度工作热忱。对于交办或委托之事，以积极的心态、快乐的心情完成。工作热忱是不容易“说到做到”的，很多人在就职初期口头上说自己具有工作热忱，但很快就禁不起考验，而无法敬业、乐业。

（四）服从领导及储备领导力

遵从受雇或受委托企业的规范，尊重领导者的职权。除了尽到受托者应有的责任，表现应有的角色形象，还要主动做事，不怕多做事（即使承担“多做多错”的风险）。唯有不嫌麻烦、不怕吃亏，才是主管的得力助手。当然也要衡量自己的身体与家庭状况，以工作技巧与效率取胜，不能牺牲身体健康及家庭幸福。

（五）为顾客着想、物超所值

为顾客服务时，应屏除一己私心，保持专业的措辞与表情。要积极回应顾客的要求，尽快处理顾客的抱怨，以最快的速度完成顾客的托付。要为顾客着想，主动提供服务，具备有效率的工作方法，如期缴交成果。对于不会做或不熟悉的业务，应主动请教主管、同事，或参加相关研习、学习新知，以免延误工作进度。时间管理的技巧与习惯，是非常重要的工作能力，也是个人竞争力的表征之一，要持续加强。

（六）乐意为团队目标而付出

要主动融入团队，与所有人愉快共事、相处。需要与人搭档时，能协调合作，使任务达到最好的地步。意见不合时，能有效协商、解决冲突。总之，职场上要“缩小自己”，多为受雇或受聘企业着想，乐意为团队目标付出。设法兼顾个人目标与团体目标，不能将个人凌驾于团体之上。要关心团体的发展，愈关心就愈能激发工作热忱。

具备“团队精神”，就得学习下列事项。

1. 以团体共识为核心：团队精神是指减少个人意识，以团体共识为奋斗目标。团体利益就是个人利益，工作不努力则同时损伤团体利益及个人利益。

2. 配合团体作业：要了解别人在做什么，培养团队间的默契。开会时以理性的态度提出个人建议，不论自己的意见是否被采纳，最后仍要遵行团体决议。

3. 有效沟通协商：成员间意见不合时，要有效沟通协商，不能坚持己见，不顾团队成员的情绪与想法。

4. 多参与团体活动：多参与职场上正式与非正式的其他团体活动，多与人来往，多向人请教与讨论，主动关心与协助其他单位团队成员。

5. 建立人脉：主动及乐意帮助同事（以不延迟分内工作为原则），帮得愈多愈能建立工作人脉。

团队合作要从平时建立良好的人际关系开始，具体做法如：

1. 勤打招呼、问候及寒暄，这是人际相处的“蹲马步”的基本功。

2. 于公于私都要多关怀同事，乐意及热心协助同事解决问题。

3. 诚实为上策，待人要真诚、不敷衍了事。

4. 要有信用、重承诺。

二、职场人际沟通的地雷区与摇滚区

职场上任何人际互动，如：打电话、请求别人帮忙、提供个人建议、表达不同意见、拒绝、致歉等，都要使用有礼貌的措辞及态度。多说或少说几个字、说法不恰当，都会引起不必要的误解，甚至造成无法弥补的伤害。下列说法即是误踩职场人际沟通的“地雷”：

1.（当别人指出你的问题时）回应：“我就是这样啊！”

2. 这都是你的错。

3. 我什么都不知道，去问……

4. 怎么连这点小事都做不好。

5. 你不是学〇〇的？这个也不懂！

6. 你的字好丑啊！

7. 这是你的工作，请你自己处理。

8. 这是他负责的，不关我的事。

9. 为什么每次都叫我做？

10. 没看到我在忙啊！不要烦我！

11. 迟到是因为车没来、塞车、路上人多。

12. 不知道、不清楚、不了解。

13. 为什么要我做这个？

14. 我早就提醒过你！

即使是无心之语，也须尽快道歉及改正。改变为下列语句，才能进入职场人际沟通的“摇滚区”，如：

1. 有没有我可以帮忙的地方？

2. 请问怎么做，才能做得跟你一样好？

3. 不好意思这次没做好，下次一定改进。

4. 谢谢指教，你的建议对我很有帮助。

5. 我来帮你，两个人一起做比较快！

6. 我会尽力为你解决问题。

7. 跟你一起工作让我获益良多。

8. 好的，没问题！我马上处理。

9. 没关系！不要急！看看问题出在哪儿？

10. 案子正在积极进行，会如期完成。

11. 只是举手之劳，能帮上忙我很开心！

12. 你不舒服先休息，剩下的我来帮你。

13. 这件事我愿意试试（或学习）。

14. 很感谢你的帮忙。

这些职场上应对进退的处世哲学，与工作能力一样重要，甚至更加重要。求学期间最好能选修人际沟通的相关课程，或参加相关的社团，有系统地练习与训练。加上“社会学习”——对老师、学长的观察与模仿，及早具备良好的应对能力，才能在未来的工作上胜任、步步高升。

第二节
与领导及同事的正向互动

领导、同事或顾客不只看你从什么学校毕业，更看你的态度与工作绩效。不少“名校”毕业生被出身“光环”所限，自以为“高人一等”，带着一股“轻视”别人的傲气。殊不知自己的表现不一定称职，若不能虚心请教、自我反省，终会导致“四面楚歌”“自取灭亡”。

一、你是令人讨厌或受人欢迎?

有时高学历反而是成功的绊脚石！为了避免“内忧外患”，消极地应先避免一些“令人讨厌”的沟通习惯，如：

1. 插嘴：爱发言、不喜欢听人说话，常打断、干扰、剥夺别人表达的机会。不了解别人，很少与人结为知己。

2. 自我中心：只考虑自己的利益，不关心别人。很少主动帮忙，难以与人建立长久、真诚的关系。

3. 好批评、以笑谑伤人：自以为外表、家世、学历俱优，对人毫不留情地挑剔、批评，不在乎对方的感受。

4. 勉强别人、爱发号施令：为了达成自己的目的，经常强迫、指挥别人；只求自己高兴，不在意别人开不开心。

5. 好辩、不虚心接受别人的意见：不能就事论事，只要有人“侵犯”他，就立即辩护或反击，很少愿意虚心受教、诚心认错。

其实上述表现不完全是天生的，除了个性之外，也是缺乏良好示范及不能自我反省的结果。因此，要受人欢迎，应每日自我增进下列事项，例如：

1. 去除自我中心的心态，多关心别人。

2. 去除骄傲自大的心态，多尊重别人。

3. 去掉挑剔、批评的口吻，多鼓励别人。

4. 情绪稳定、开朗，让人喜欢亲近。

5. 诚心接受批评与建议，使身边的“君子”更多。

还要注意职场的“世代差异”（generation gap），职场新人与资深的前辈可能差距三四十岁，某些表现可能不被年长的同事理解与忍受。如：没大没小、不喜欢别人下达命令、好辩解、经常请假或换工作。不同世代的相互理解与接纳，也是“办公室沟通”的功课之一。

职场上还有一项困境，即工作与家庭之间产生冲突时，应如何取舍？若有怀孕、育儿方面的状况，宜私下告知主管或同事，使其先有心理准备，在某些时候可能需要他们的体谅与协助。但不要一直提醒别人自己是孕妇，或照顾家庭、儿女有多么的疲惫。以免别人误以为你对工作厌倦、想依赖别人帮忙，对你的工作态度会感到愤怒。

二、如何与领导相处?

前述职场上可能误踩的说话地雷，面对领导时更要注意。不仅因为职场伦理的上下关系，还由于与领导的接触较少，容易会不了解主管的领导风格而犯下无心之过。例如：主管交付工作时，你直接回应："这我没办法做！"正确的说法应具体解释"为什么不能做"，再静候主管裁示。当身体不舒服而想请假时，不宜直接说："今天我的身体状况不好，我没办法来上班。"而应尽量低调、诚实以对，表示虽然请假，但不会耽误工作进度。有些话听起来像推卸责任、没有团队精神，如："这不是我的错，我的那一部分已经完成了。"较好的说法是："我的部分已经做完了，如果需要，我可以帮同事忙。"还有一项禁忌就是："我和以前的主管关系不好，因为他……"这会使现任主管担心，日后你也在别人面前这样批评他。

不只是领袖要注重沟通，"下属角色也必须具备良好的沟通技巧，才能与主管维系有效的关系，如：倾听、发问、简述语意、要求反馈、自我肯定等技巧。如果主从双方都能了解沟通的重要，都能分享意见，沟通较不会受阻，而双方的需求也才能得到满足"。（R. F. Verderber & K. S. Verderber，1996）

增进主从关系，有些特殊的沟通技巧，如乔治·葛瑞（George Graen）提出的"双人垂直联结关系模式"（R. F. Verderber & K. S. Verderber，1996）：下属若只是把分内的事做好，没有帮领导做额外的工作，那么他与领导只维持"角色关系"。那些肯做额外工作且得到领导信任的人，则与领导形成"亲信关系"。一旦有升迁机会，后者较被看好；若要削减经费，后者的部门较不会被"开刀"。

年轻朋友可能不愿接受这个论点，觉得这是奉承领导。其实是因为传统的主从关系权力不平等，唯有增加领导对你的依赖，彼此才会较为平衡。且所谓“额外的工作”，多半仍与工作有关，若不那么计较，则可获得领导的信任与感谢，营造更好的工作气氛。另外，你也可以把领导想成可以结交的朋友，平时多与领导互动及交谈。当领导有困难或需要时，以朋友的身份关心与协助他。

领导又称主管或老板，在职业伦理上必须尊重他的地位、听从他的指挥。否则再有能力、创意，也会因沟通技巧不佳而产生“反效果”。与领导相处的秘诀，绝非只是巴结与讨好，而是努力提升个人与团体绩效，让领导看到你的敬业与杰出表现，日后更加信任。领导都喜欢善解人意、懂得察言观色的下属，不喜欢我行我素、不愿与人互动的独行侠。

好领导期望下属有下列表现：

（一）负责尽职，注意时效及回报

领导交办的工作要听明白、抓住重点，不懂的地方当场询问，并在时限内完成。过程中要向领导“回报”进度，无法及时完成或有需要领导协助的地方，应及早提出，切勿拖延、逃避。最佳策略是提前完成工作，等到领导催促，就已经“双输”了。

（二）遵守职级伦理，莫越权、多请示

“不在其位，不谋其政”，好下属应先厘清自己的角色及权责，以免越权或犯了“功高震主”之弊。先尽到自己的职分，不须过度表现；尤其该由领导裁示时，应立即请示，不可自作主张。当然，请示并非“被动”或“依赖”，在你的职务范畴内，还是要独立作业。

（三）有所建议时，说理而不动气

工作理念或方式，若与领导不合，应谨记自己身为下属的角色，只能表达与建议，莫动气、怄气，甚至“攻击”领导（批判、嘲讽、不满等），尤其在公开场合（包含会议、网络等）。建议或说服领导时要“察言观色”，发现领导有不悦即应停止，不再坚持己见。这次沟通不成，之后再找机会沟通。

（四）虚心接受批评及指导，知过能改

身为领导的职责之一，是及时纠正下属，以提升其能力。下属应“客观地”积极聆听，确实了解领导的观点与期望，听完后再表达己见。如果自知有错，就尽快修正；若觉得被冤枉，也等待机会说明，不要与领导争辩、有其他“情绪化”的表现或背后批评领导。

三、如何与同事合作?

同事间虽然平等，但基于年龄及资历，仍有前、后辈之分；谨守分际才能获得指导与照顾，建立同事情谊。许多人工作不顺利或离职，即因不能与同事合作。不能获得升迁，也常因与同事的沟通协调不良，不能获得认同与支持。为什么需要学习与同事沟通？因为，一个有活力的组织，绝不会意见完全一致。

> 同事间的合作，并不是靠同事间的朋友关系，或是靠他们在任何事上都意见一致。事实上，工作愈不同，同事间意见的歧义愈大。……若能好好利用这些不同的意见，就能产生创意与积极的策略，不过这种情形的前提是同事关系必须是健全的。而健

全的同事关系，仰赖有效的人际沟通。（R. F. Verderber & K. S. Verderber，1996）

同事不像家人、好友亲密与了解，所以不可放肆、任性。不能“双重标准”，要同事宽容自己，却不能自我检讨。与同事相处的时间有时超过家人，所以应建立相当的情谊。不亲不疏、公私分明的态度，是同事相处的基本法则。若与同事相处不好，就如芒刺在背，实在痛苦万分。像是参加合唱团，要唱好自己的音部，还要配合其他音部。与同事合作愉快的主要原则包括如下几个方面。

（一）注重平时的互动与情谊

“预防胜于治疗”，“平时不烧香，临时抱佛脚”是来不及的。平时就要多与同事互动，勤打招呼、多多交谈（包含关怀、闲聊、聚餐）。工作上要主动关怀与帮忙，在生活上也能为同事伸出援手。要建立情谊，才能自然产生工作默契，而不是冷漠地“照章行事”“公事公办”。

图9-1　认真看待他人的想法，并适时给予鼓励，是培养人际关系的有效方法！（图片来源：iStockphoto）

（二）多多请教、相互支援

以现代组织分工来说，同事之间（同部门或其他部门）相互支援的机会极多，绝对无法“闭关自守”“闭门造车”。平时要虚心请教、广结善缘，需要别人协助时，同事才会回报你。组织成员是“整合性关系”，合则两利，分则两败。

（三）心平气和、就事论事

同事间难免意见不一致或个性不合，运用得当是机构进步的动力，反之则会造成分裂、事倍功半。如系私事，要尊重对方的隐私；如系公事，则应尽量排除个人成见、偏见与恩怨。不因私人理由而破坏公事上的合作，所谓“内举不避亲，外举不避仇”，即是此意。

（四）注意说话的态度与方式，避免误解

有些“习焉不察”的说话习惯，也许家人或好友能够包容，但与同事相处时则不可如此率性，以免不小心得罪同事，造成不必要的人际冲突。哪些说话习惯可能造成误解？如：表情太严肃（不苟言笑）、很少主动与人打招呼、不喜欢参与团体活动、说话太大声、语气不和缓、措辞较夸大或强烈、常自吹自擂（自以为高人一等）、乱开玩笑等。至于意见不合时更要注意，尤其是在公开场合，以免使别人下不了台或心生怨恨。

第三节

用心经营顾客关系

电影《美丽人生》描述一对犹太父子被关入纳粹集中营的故事，

父亲为了不让年幼的孩子留下心理阴影，以“善意的谎言”激励幼子熬过集中营辛苦的生活。男主角（父亲）原是饭店服务生，秉持“服务是最高艺术”的原则，敬业、尽力做好工作中的每个细节，他的自重赢得了别人的敬重，使他在关入集中营时获得他人的暗地相助、躲过劫难。可惜许多人误解了“服务”的意义，无法把“为人服务”与“自重”相连，经常“反其道而行”，仿佛“为人服务”就会贬低自己。常听到或亲身经历“某某机关职员服务态度不好”的例子，就是因为误解了服务的意义，才会对顾客态度不佳。

一、服务质量与沟通技巧

许多追求卓越的机构，都会设法加强服务质量，例如便民措施（义工协助、坐下来办理、奉茶等）。有些机构因地方狭小又扩充服务，就显得拥挤、忙碌。这时工作人员的态度即成关键，可以是点燃炸弹的火花，也可以是一帖清凉剂。例如：医院里心平气和、态度亲切、关怀病患的医护人员，人性化的表现及优良的服务态度，就能消除患者久候的不耐与病痛之苦，并心生感激。反之，许多机构的失败是因为工作人员态度傲慢、不了解顾客的需求。一个好的工作人员须具备下列沟通技巧。

1. 情绪稳定、注重礼貌：任何状况都要注意自己的情绪反应与应有的态度，不能动怒或口出恶言；务必与顾客维持良好的关系（包括委婉说明机构的规定与立场）。

2. 态度亲切：让顾客觉得受欢迎及尊重，即使顾客“买不起”或“外行”，也不可流露轻视的神情与措辞。否则可能因此坏了口碑，流失潜在的顾客。

3. 加强同理心、倾听、协商、问题解决及冲突处理等沟通技巧：平时要娴熟掌握这些技巧，不论与顾客当面、网络或电话沟通，或满足顾客所需的各种服务时，都能有效率地顺利完成。

4. 使用顾客听得懂的语言：组织特有的术语，适用于内部沟通。面对顾客时，应转化为顾客熟悉的事物及例子；不可卖弄自己的专业知识，结果弄巧成拙。

5. 关心顾客、提供额外服务：应设法与顾客建立长远的伙伴关系，以“永续经营”的理念定期与顾客联络，主动为顾客设想及提供服务。

服务技巧应视为高水平的专业训练，以电话或当面沟通来说，要达到下列水平：

1. 声音：轻声细语、语速恰当（可稍慢）、语气和缓、语调亲切。

2. 表情：面带笑容、情绪稳定、不卑不亢、肢体动作合宜。

3. 措辞：无论如何都要维持礼貌用语，觉察及控制自己的情绪反应。

二、预防及化解与顾客的冲突

以下列常见的服务案例，说明与顾客沟通时的正确切入点。

Case 1　当顾客想询问某些事情，却表达得不够明确时，如何从中获取更多信息？

切入点　a. 养成倾听习惯，先听顾客说且让他说完。

b. 有必要打断时，应以引导或发问的方式进行。

c. 回应给顾客的信息（含法规），一定要正确。

Case 2　顾客对于业务的了解有误，且有太多的情绪用语时，如何沟通？

切入点　a. 先觉察及安抚自己的情绪，莫受顾客影响而随之情绪激动。

b. 觉察及安抚顾客的情绪，设法使他冷静下来。

c. 找出顾客的情绪引发点，同理他的情绪感受，并聚焦在如何解决问题。

Case 3　如果顾客的话语一再重复，且不听解释时，该怎么继续？

切入点　a. 忽略其重复部分，以引导或发问的方式抓回重点。

b. 莫浪费时间在顾客“错的部分”，以免自己跟着不耐烦。

c. 莫与顾客辩论或企图说服他，应聚焦在协助其解决问题上。

Case 4　当顾客未注意到相关规定，未于期限内办理，却坚持要你帮他处理时，应如何沟通？

切入点　a. 莫浪费时间在顾客错误或强词夺理之处，温和地为其解释相关规定。

b. 莫与顾客辩论或指责他，以免引发不必要的误解与冲突。

c. 检讨规定公告之方式是否需要改进，务使沟通管道流畅。

Case 5　如果顾客一直拿所认识的重要人士当靠山，该如何回应？

切入点　a. 对于相关信息（法规）须熟悉及正确理解，才能判断顾客所说是否正确。

b. 莫浪费时间在顾客“错的部分”，找出双方共识的部分来解决问题。

c. 加强与相关重要人士的沟通，以免他们传达的信息不完整。

Case 6　顾客拿假设性情形或以要挟口吻说：“你能负责吗？或是谁要负责？”良好的回应或沟通技巧有哪些？

切入点　a. 先觉察及安抚自己的情绪，莫因而“以暴制暴”（尤其是“非语言部分”）。

b. 忽略顾客“错的部分”，聚焦在对方所需要的协助上。

c. 若有可能则设法补救顾客的损失，或请求资深同仁及主管出面协助。

Case 7　顾客对于公告事项有所误解，表现出不满时，应如何沟通？

切入点　a. “首要”觉察及安抚对方的情绪，莫急于摆脱责任。

b. 思考事项公告之方式是否需要改进，务使沟通达到效果。

c. 若有可能应设法补救顾客的损失，若无可能则诚恳道歉，并表示会立即改善。

Case 8　顾客询问问题时，若无法得到预期结果，马上表现出坏情绪，应如何沟通？

切入点　a. “首要”觉察及安抚顾客的情绪，莫误解对方在攻击。

b. 若有可能则设法补救，若无可能则诚恳道歉，并表示会立即改善。

c. 加强自己的“抗压”能力，小不忍则乱大谋，多为个人及团体形象着想。

职场上，各个小细节都要注意，也能促进与顾客的关系。

1. 保持笑容、轻声细语。

2. 主动打招呼，奉茶（或咖啡）时只倒七分满。

3. 与长辈同行，上楼时走在他的左后方，下楼时走在右前方。

4. 搭电梯时，协助顾客按楼层按钮，并让长辈先进及先出。

5. 搭乘私用车，司机右边是大座，公务车则为后座最右边。

6. 介绍别人的顺序是：将职位低者引见给职位高者，将年少者介绍给年长者，将男士介绍给女士，将个人介绍给团体。

7. 电话铃响三声内接起电话，通话结束应等对方先挂上电话。打电话或接电话时，要清楚报上自己的姓名、单位名称及职位。

8. 注意正式场合的穿着，注意商务用餐时的礼貌。

问题与思考

1. 下属必须以领导的脸色为“风向球”吗？这是巴结、逢迎吗？

2. 下列“工作守则”，你觉得符合时代的趋势吗？有没有不同意的地方？

（　）（1）上班准时、不早退、不无故缺席。

（　）（2）服从领导。

（　）（3）按时完成交代的工作。

（　）（4）依规定请假，但尊重领导的裁决。

（　）（5）跟同事相处愉快、相互支援。

（　）（6）有礼貌、态度和蔼、保持笑容。

（　）（7）不公器私用。

（　）（8）尽量少打或接私人电话。

（　）（9）服装、仪容恰当。

（　）（10）保持身心最佳状态（情绪管理）。

（　）（11）器材用完要归回原位。

（　）（12）轻声细语、不大声喧哗。

（　）（13）多询问、少批评。

（　）（14）随时注意维护机构的良好形象。

（　）（15）主动询问领导、同事有何可帮忙之处。

（　）（16）维持办公室内个人环境的整洁。

（　）（17）协助办公室公共区域的环境整洁。

（　）（18）保持愉快的工作心情。

（　）（19）倾听领导、同事、顾客说话，不争辩。

案例讨论

◆案例一

小君觉得自己遭遇“职场霸凌”了，她的主管情绪管控能力很差，经常发脾气，然后破口大骂，让人很难招架。小君本来一直自我检讨，但看到其他的学生兼职人员甚至全职人员，因为主管的情绪化态度而纷纷离职，自己才比较释然。但小君仍然不知如何应对主管的叫骂，自己损失惨重，不仅去看了身心科，最终还是离职了。如果你是小君，会怎么做?

◆案例二

阿富在服务业打工后，才知道“和气生财”有多么不容易。新闻报道的“奥客”，在他打工的地方都出现过，有时还真担心应付不过来。网络上某些网红，曾以戏剧化的方式大声指正“奥客”。这恐怕只能在心中幻想，现实环境不容上演。有时阿富也担心自己“职业性笑容”有撑不住的一天，如果自己也跟“奥客”一样情绪失控、口出恶言，怎么办?

第十章

沟通困境与人际智能

不可以在社群网站上随意骂人！

● 人际金言 ●

Stop phubbing！别再玩手机了！

大家一定有这种经验，和家人好友或刚认识的人一起用餐，有些人只顾着玩手机，冷落或无视其他同桌者。因此国外发起所谓“停止玩手机活动”（Stop Phubbing Campaign），要大家尊重身旁的人！

Phubbing这个字，是由两个单字组合而来：phone（电话）及snub（bing）（冷落；怠慢）。最早由澳洲字典公司Macquarie Dictionary提出，造成全球网友大量转载。这个字还有个变体就是phubber，由phone与snubber（冷落他人的人）组合而来，phubber就是我们常说的“低头族”。

我们常看到家人在餐厅聚会时，年轻父母要年幼儿女放下手机；讽刺的是，年迈父母则要年轻父母放下手机。昔日跟团出国旅游时，每天跟不同团员并桌吃饭，是最好的联谊时光。极少数所谓“商务人士”，才会一进饭店就找wifi、刷手机。而今似乎人人手上都有大笔生意要谈，旅游时从游览车、餐厅到旅馆，wifi无所不在。因为刷手机忽略身旁的人，似乎变成理所当然。不仅在餐厅，包括上课的教室，老师也常被学生冷落，老师的重要性远远不如手机。

通信科技发达，微信、推特（Twitter）等社群网络，提供许多人际联系的机会，据以建立虚拟社群。现实世界无法说出的事，在社群上可以自由发声。信息传递快速（省时省力）、经济（减少许多花费），真是沟通方式的一大革命。

但人们“习惯”电子邮件、社群软件之后，“面对面”及“人际互动”相对减少，甚至被“省略”。看到一群人虽坐在身旁，却仍以群组进行“在线会议”。遇到重大人际问题与沟通危机时（如：分手、离职），也只传“文字信息”来处理（表达单向的抱怨、控诉，不做任何解释，也不听对方解释），不想用语言及非语言行为来进行“真实”与“双向”的沟通。

大家都向往达到沟通的最高境界，如：言之成理、舌灿莲花、侃侃而谈、一言九鼎、家和万事兴（天时地利人和），但这需要付出相当的时间与真心，愿意与人促膝长谈、推心置腹、说出肺腑之言等，才可能达到。

反之，为什么会形成沟通障碍，如：“公说公有理，婆说婆有理”、蛮不讲理、“一言不合，大打出手”、对牛弹琴、话不投机半句多、鸡同鸭讲等，是因为各执己见、一意孤行、各行其是、理直气壮等，有误会时不愿也不能与对方沟通。

第一节 沟通困境

2020年起，人们笼罩在“新冠肺炎”疫情阴影当中，病毒拉大了“人际距离”，人人似乎都是带菌者。社会治安也随之出现“破窗效应”，暴力事件接连发生，让人震惊、不解及无奈。

人际暴力与沟通恐惧

（一）人际暴力

台中市发生一起行车纠纷，18岁男大学生驾车时不慎擦撞一辆玛莎拉蒂，他立即下车道歉，不料对方驾驶员（23岁）非但不领情，还对他扯发推拉、强押下跪，并持球棒殴打，致他颅内出血、颅底骨折，头部缝了46针（住进重症监护室，幸好保住一命）。

桃园市龟山区一家超市，店员在值大夜班时，因劝阻一名未戴口罩的客人入内，竟遭对方再次回到超市，往店员身上掷口罩泄愤。不料这样做仍未能平息怒气，他竟三度来到超市，持刀刺向店员（左胸），致其失血过多，赔掉一条宝贵的生命。

除了与陌生人的冲突，亲密关系也不平静。某女性“立委”遭男友软禁及施暴，脸部、头部、四肢多处严重挫伤。男友扣留女“立委”的手机，以公开“私密照”为要挟，控制女“立委”的行动。该“立委”不知男友曾有多次家暴（宣告缓刑），此次遭到重创，除了起诉之外，也仅能自我解嘲：“过去生活太平静、顺遂，没有遇过坏人。”

男女朋友之外，家人施暴的比例也日增，言语暴力、肢体暴力、精神虐待、经济或行踪控制等，以爱之名却行施暴之实。在“家丑不可外扬”的观念下，受暴者（不论是未成年或成年子女）为了维持表面和谐，多半选择隐忍不宣。

这些暴力情境，是否令你惶惑不安？担心日后在路上超车或被人超车，也会碰上持球棒（或高尔夫球杆）的恶煞？万一发生车辆擦撞，要否下车道歉？工作上遇到暴怒的人，应任其宣泄情绪而继续忍受吗？若对方持刀棍攻击时，要如何脱逃？面对恐怖情人或家人的身心虐待，要容忍多久才向外求助？唉！人与人之间为何不能“有话好说”，非要“动手动脚”（动刀动枪）不可呢？

现代的人际关系似乎倾向两极端，不是挤在“同温层”取暖，就是与讨厌的人疏离、对立。对于自己人全力相挺，若为仇敌则抵抗到底。加上自我防卫（避免遭到伤害）心理，人们变得更加“畏惧沟通”。面对上司、老师等权威人士会保持距离（包括情感上），和家人、亲密爱人相处也常常“想逃”。

网络社群的信息爆量，“已读不回”是常态，造成人际猜测与误解。网络的“虚拟朋友”再多，“按赞”仍让人感到空虚。擅长网络沟通后，真实的人际接触愈来愈少。对于匿名或计划性网络攻击、霸凌、诈骗等，失去判断力及免疫力。

电子邮件或社群软件有不少好处，并非不如“实体沟通”，例如特斯拉总裁马斯克就喜欢使用电子邮件，因为邮件不需要实时回复，可避免高效工作的状态被打断。他自认擅长写电子邮件，写电子邮件是他的核心竞争力。他常以电子邮件向员工传达公司愿景和使命，指示员工如何高效工作。马斯克是高层领袖，有权对下属以电子邮件进行单向沟通（命令、指挥）。若我们也如此，容易因各说各话、缺乏解释及商量的机会，而造成愈来愈大的沟通障碍（鸿沟）。

（二）沟通恐惧

沟通障碍严重时，就成为“沟通恐惧”或“沟通焦虑”（Communication apprehension），这是指“与他人或群体沟通时，产生强烈的害怕和焦虑情绪”。所以不敢和异性说话，怕上台面对群众，参加会议时不敢表达意见，更害怕人际冲突。如DSM5《精神疾病诊断准则手册》（台湾精神医学会，2014：118）描述的“社交焦虑症”（Social

Anxiety Disorder）或“社交畏惧症”（Social Phobia），是指“个案对于暴露在一种或多种可能被别人检视的社交情境，会感到显著的恐惧和焦虑。例如社会互动（如：交谈、跟不熟悉的人会面）、被观察（如：吃东西或喝饮料）及在别人面前表现（如：演讲）。个案害怕他（或她）将要表现的行为或显示出的焦虑症状会受到负面评价（如将会感到羞愧和尴尬，将会导致被拒绝或冒犯他人）”。

“社交畏惧症”伴随的生理症状包括：紧张、心跳加速、脸红、肌肉颤抖、恐慌、哭泣、发脾气，感觉大家都在注意我（任何一点小错误），别人都比我能够应付所处的情境。

“社交焦虑症”大都不会并发其他疾病或症状，但会衍生许多问题，影响生活各层面，如：逃避人群、无法正常社交、生活质量变差、滥用酒精或药物成瘾。患者脑中的多巴胺比一般人少，约三成由遗传造成，也可能是经历家暴、霸凌，以及个性的因素。症状较轻微的病人，可使用抗焦虑药物，减缓大脑交感神经作用，减轻焦虑及恐惧。也可采取认知行为疗法，系统性地延长暴露在社交环境的时间，增强社交耐受力，调整负面思考方式，慢慢适应与人接触。

人们常把“害羞”跟“社交恐惧”混淆，两者的差别在害羞的人在与人交流时，对自己并没有负面情绪和评价。社交焦虑症则负面情绪较多，自卑、对自己要求过高、易自责、过于在意外界评价，约四分之一曾经试图自杀。

路上遇到施暴者，可直接拨打110由警方处理。遇到恐怖情人，可拨打113向“家庭暴力与性侵害防治中心”通报。有些人需要就医或长期心理治疗，就无法依正常方式，跟他好好“讲道理”，还是转给辅导与医疗单位较好。

（三）沟通信念的挑战

除了明显的言语或肢体暴力，以及沟通焦虑或恐惧等严重问题之外，日常生活还有许多人际摩擦与潜在冲突，一直挑战我们的沟通信念（品德、原则），值得深思与讨论。

1. 有话直说，不要压抑情绪。

长期的情绪隐忍，累积后可能导致某些疾病。一直隐藏负面情绪可能“物极必反”，在“最后一根稻草”的压力下一举爆发。所以，为了身心健康，还是要认识与接纳自己的正负面情绪感受，学习化解困难的社交处境。

但把负面情绪都宣泄出来，就没事了吗？情绪写在脸上、说话口气很冲、措辞强烈甚至口不择言，会给人情绪化、没礼貌、找麻烦、挑衅的感觉，容易激怒对方，造成不可收拾的后果。

还是要“有话好说”、委婉些，考虑别人的感受及行为后果。就算最后没有达成共识，至少已努力说出自己的想法，让对方知道你的立场、价值观，以及可接受的界线和需求。彼此较能相互了解，更接近想要的目标。

2. 不准时、不守信，是社会的常态。

拜访别人或开会要遵守时间，做到准时到达与准时开始（至少提前五至十分钟）。和别人的约定或承诺不可打破，被迫打破时，必须立即道歉。不要随便承诺，一旦承诺就要完成。这些是父母师长的谆谆教诲，但在自己遇到朋友及大人的轻率迟到及毁约后（也没有道歉），渐渐也会不再相信别人，或将失信解释为“弹性变通”，以免自己心理受伤。甚至在自己也失信于人的时候，会觉得这样相互对待，较为“公平”。

但这样真的好吗？当人们无法建立信任关系，小孩子不再相信父母（情人之间也如此），团队成员间相互怀疑，担心对方无法如期完成工作（也就是不负责），会有更美好的未来与幸福吗？

所以还是要准时及守信，做一个可靠的人。创造稳定的婚姻、幸福的家庭，好好照顾孩子，做个敬业的员工，成为让团队觉得充满希望的好主管。

3. 被霸凌、排挤及欺负时，要尽快反击。

强势、咄咄逼人的人，常常伤了别人反倒责怪对方脸皮太薄、抗压力太弱，一点批评也承受不了。面对这样的人，若你的音量变得微弱、眼睛不敢注视对方，他会更以为自己有理，失去平等对话的基本态度，对你更加不客气。

遇到不友善的人，先做几次深呼吸，觉察及控制自己的心情。你可以生气，但并非“理直气壮”就比较有道理，任何情境下还是要掌握自己的音量和说话速度，并勇敢地直视对方的眼睛。重述一遍他的话，核对双方的认知是否一致。拿出理性的态度、不卑不亢，才能获得对方的尊重。

不要把对方的力量过度“放大”，不必赋予他更高的位阶。面对不舒服的对话情境，永远可以喊“暂停”，另约时间再谈或用文字沟通。对方问什么，我们不一定要立刻回应。如果你的情绪太过激动，可改用书信、电子邮件的方式表达。好好思考及组织想表达的内容（也可请教有智慧的人），先与对方隔开，不受其肢体语言或声量的干扰，有助于恢复自信与理性。

对于不友善的沟通对象，需要时间和耐心卸下他的武装，也需要时间来强化自信。把每次与他的对话，都当作提升自我的机会，这会使你从内而外变得更自在、坚强。

4. 有误会或心结，解释只会“愈描愈黑”。

所谓“清者自清，浊者自浊”，对于相信你的人不需要解释，不相信你的人，解释再多也没用。在这样的观念下，许多人被误解（包含谣言、黑函、假信息、恶意攻击）时，没有在第一时间及时澄清，致使不了解你的人更误解，了解你的人也可能产生怀疑，因此失去许多宝贵的事物（工作、升迁、生意、客户、好机会）。

所以，还是要解释清楚，不要未来懊恼及留下遗憾。想伤害你或不明事理（看好戏）的人，一定不会相信你。所以你的解释是为了那些信任及支持你的朋友，以及“中间派”——想要明白事情真相的人。不要因为自己的软弱及不够果断，而被人“陷害”。害人之心不可有，但防人之心不可无。

第二节
人际智能

传统上认为，拥有高智能及高学历，就能成功。实际上这只是偏向语文数理空间的单一智能，不能依此推论一定成功。企业界需要的人才，除了硬实力，如“专业知识与技术”“国际观与外语能力”“创新能力”“融会贯通”之外，还需要软实力，如“稳定度与抗压性”“解决问题能力”“学习意愿、可塑性”等态度，以及能和别人共同工作的“团队合作”能力。

一、多元智能与人际智能

对于智能的界定，如今已脱离单一智能观点，提出复数形式的智能，称为多元智能（Multiple Intelligences）（梁云霞，2012）。这是美国心理学家Howard Gardner于1983年所提出，Gardner认为智能复杂且多面向，不能单从传统的共通因素来看待。理论之初，他确认出七种智能类型，分别是音乐、肢体—动觉、逻辑—数学、语言、空间、人际以及内省，之后再加入自然探索者、灵性或存在。

Gardner认为人们拥有所有智能，但某些智能特别优异，这不意味着必然能卓然表现该种智能，或者完全发挥。重要的是，要认同并且丰富各种智能，适宜地面对世界的各种问题。

与人相处的智能即“人际智能”（Interpersonal/Social Intelligence），属于“个人智能”之一（另一为内省智能Intra Intelligence）。人际智能较强者，对于别人的面部表情、声音和动作较具敏感性，不论是语文和非语文的沟通，都有出色的理解能力。能察觉并区分他人的情绪、意向、动机及感觉，善于建立并维系人际关系。喜欢参与团体活动，愿意找人帮忙或教人如何做事，在人群中能使自己及他人舒服自在。通常是团体的领导者，依靠他人的反馈来思考。善解人意、尊重别人，能与人共事合作、沟通交往。善于解决人际冲突，尊重和赞赏多元的文化。适合的职业是老师、社会工作者、演员、政治家、神职人员和业务员。

二、人际智能的培养与练习

依据多元智能理论，每个人都具备九种智能，只是某些较有优势、某些较为弱势。幸好都可以靠后天的引导、培训来“补足”较弱势的智能，及“精进”优势智能，所有智能都有改善及进步的空间。以人际智能来说，可努力的范围及方式如下。

（一）维持长期友谊

一般人认为“相识满天下，知己无几人”，是正常的现象，但也会感慨知己难求。人际智能高者，也许没有特别多的知己，却能在各个领域或团体拥有更多维持长期友谊的朋友，形成所谓人脉、班底。这本需要投注时间来经营及拓展，要有实际的聚会而非只存在网络社群的名单。要有具体的行动，如关心、探访、伸出援手等。

在数字时代里，网络虚拟人脉占据极高的比例（可能有一半以上）。大都因为工作或共同目标而建立关系，也不一定是知己或能常相聚。但若完全没有“实体接触”，关系也会消逝。“虚拟人脉”往往来得容易，消失得也很快速。

练习的方式是：列出能够成为人脉（班底）的朋友们，想想怎么跟他们维系关系。

（二）参加社团、担任领导者

人际智能高者，经常参与团体活动。求职面试时，被问到：“学生时代是否参加社团？是否担任干部？有否办过跨校的大型活动？参加社团及担任干部时最大的收获为何？”就是在测试你的人际智能，了解你团队合作及领导能力的潜力。如果你回答“我没有或我不喜欢参加社团”，就没有“得分”机会了。

人际智能高者，在学校、工作场合、同侪团体常被推举或志愿担任领袖。领袖要有更高的人际智能，因为不能挑选朋友，要与团队成员都好好沟通。遇到人际冲突，也不能退缩或逃避。成功的领袖需有“识人之明”，也就是“知人善任”，能把“对的人”放在对的位置上。

练习的方式是：志愿或与人组成团队，并担任领袖，一起探讨或研读某个主题、达成某些任务。

（三）体察别人的感觉、期待、需要

人际智能高者，善于体察别人的感觉、期待、需要，尤其是对于亲密关系（男女朋友或夫妻、人生伴侣）。不仅能尊重外人，也十分尊敬自己的伴侣。

因为尊重别人的感受，所以注意自己的说话口吻，不会情绪化或语气很冲；不会以个人意见批评别人的衣着、举止或习惯。除非朋友希望你给予建议，否则不会过问任何关于他的事情或问题。

练习的方式是：猜猜别人在某个情境下，会有什么样的感受。然后加以验证，看看自己猜中的概率有多少。

（四）对别人伸出援手

人际智能高者，对于弱者或需要帮助的人，如：病人，老人，遭遇灾难、面临困境者，不只有同理心，更能伸出援手。慷慨付出后，保持低调、不求回报。

担任志愿者且能长期服务，并非一时兴起，而能以此为其职业或终身事业，例如担任老师、社工、心理辅导人员、医护人员，成立或参与非营利组织等。

练习的方式是：参加一日志愿者，体验助人的感受。或访问资深志愿者、非营利组织的理事监事，了解他们“牺牲小我，成全大我”

的心路历程。

（五）有困扰时，会征询别人的意见

人际智能高者，在自己有困扰时，懂得求助师友或专业人士。不会自视过高，以自我为中心，能够采纳别人的建议。相对的，也常有人咨询他的意见或建议，因为人际智能高者更能理解、关怀与协助别人。

练习的方式是：对他人的问题提供诚挚及细心的建议，看看效果如何。学习接受别人对自己问题的关怀，试试别人建议的方法。

（六）擅长公共事务，能使人感到轻松自在

如担任推销员、接待员、警察、柜台人员或服务员等，直接面对人群，处理较为紧急或复杂的事务。不仅设法要让自己轻松自在，也能创造亲切的氛围，使别人轻松自在。这样才不会尴尬、虚伪，能自然真诚地与人相处、与工作融合。

练习的方式是：到服务业打工，或访问一位推销员、接待员、警察、柜台人员或服务员等，了解他们的工作甘苦及如何顺应。

（七）解决人际问题或争议，有独特和创新的方法

与人相处，首重和谐（尤其家人之间），避免冲突的发生，即使获得信任也要注意分寸。生气时，能够等待一晚、一天、一周，再与人沟通。心平气和才不致语气、表情不好，不小心恶语伤人。感谢时要表达出来（口头、卡片、礼物），有误会则要解释清楚，都不要留下遗憾。

与人意见相左能委婉表达，严守礼貌及人际界线。在职场沟通

上，更要注重专业形象与伦理关系。不是虚伪或压抑，而是适当的职场应对（尤其是对顾客）。

练习的方式是：经常给别人“加水”（支持、称赞及鼓励），如正向心理学的“水桶与勺子理论”。想要得到别人的认同与合作，就要先增加别人的“能量”。

“见贤思齐，见不贤而内自省”，只要细心观察与感受，日常生活、各行各业有许多沟通高手可以仿效。反之，如果碰到不可理喻或出口伤人者，我们仍要反省自己，是否曾有意无意伤到别人。如果有，就要道歉及认错。碰到蛮横无理的人，孟子建议要反躬自问：“我一定不仁、无礼吧！不然，他怎么会这样对待我呢？如果觉得自己问心无愧，那人仍然蛮横无理，君子必定再次反省：‘我一定不忠吧？’如果自己仍没有错，那人依然蛮横无理，就想：‘这人不过是个狂人罢了。’这样的人和禽兽有什么区别呢？对禽兽又有什么可责难的呢？”（原文：“爱人者人恒爱之，敬人者人恒敬之。有人于此，其待我以横逆，则君子必自反也：我必不仁也，必无礼也，此物奚宜至哉？其自反而仁矣，自反而有礼矣，其横逆由是也，君子必自反也：我必不忠。自反而忠矣，其横逆由是也，君子曰：‘此亦妄人也已矣。如此则与禽兽奚择哉？于禽兽又何难焉？’”《孟子·离娄章句下》）

问题与思考

1. 通信科技的进步是否危害了人际关系？让人更畏惧沟通？

2. 人际冲突为何累积或突然达到“恨之欲其死”的残忍地步？

3. 人际智能的增进范围中，哪些是你的弱项？想要如何改善？

案例讨论

◆案例一

小敏常说阿雅的个性太柔弱，很容易被人欺负。所以她为了“训练”阿雅，常对阿雅口气很凶，甚至直接骂她：“这么简单的事，要教几遍才会？”阿雅感到茫然，要继续接受小敏的“训斥”吗？小敏这样做，是一个好朋友或好主管适当的行为吗？

◆案例二

忠明承认自己是个“低头族”，甚至觉得是“边缘人”；因为他跟别人互动时总不太自在，但与好朋友在一起则很健谈。他打工与客人的互动也没问题。这样算不算“沟通焦虑”呢？需要改善吗？

附录

“问题与思考”参考答案

第一章第2题

（1）（×）

解析：并不是妈妈不爱孩子，而是另有苦衷。例如有些年轻妈妈因未婚生子、无力抚养孩子，先住进某些公益团体（例如善牧基金会）设置的家园待产，之后再由这些公益团体严格筛选适合的家庭，安排婴儿出养。这些公益团体非常人性化，虽然出养，但与亲生母亲的关系并未断绝，生母仍能探视，孩子长大后也可寻亲。

（2）（？）

解析：答案是“不一定”。婴幼儿时期的亲子关系若不够亲密，的确会阻碍他在家庭之外的人际关系发展。在孤儿院长大的孩子，可能由于孤儿院人员不足，或领养家庭的父母与孩子的关系不佳，使孩子得不到所需的关爱，无法建立安全的依附关系，因而缺乏自信也不易相信别人。反之，在孤儿院及领养家庭得到比原生家庭更好的教养时，也能产生自信与信任别人。

（3）（×）

解析：外表与人际关系并无直接关联，人们比较喜欢看到俊男美女，但不等于喜欢他们，可能因与他们相比而见绌，反而讨厌或嫉妒他们。而且外表较佳的人，有时不由自主过度显现外表优势，而以使唤、命令的口吻与人说话；对别人不够尊重，使得人际关系不佳。

（4）（○）

解析：自尊过高或过低，均不利于自我肯定及与人相处；因为过于多心、敏感，所以容易受到伤害。与人相处需要尊重对方，但对自卑或自大者更要留心自己的沟通方式与内容，以免对方为了维护自尊而更加坚持或退缩。

第二章第2题

（1）（×）

解析：外表“最好”的人往往人缘“最差”，因为容易自傲，不肯为人服务，而且也会引起别人的嫉妒。真正的吸引力（魅力）不是天生的，只要有亲和力、谦虚，就能受人欢迎。

（2）（○）

解析：自私的人只想到自己、抬高自己，却容易侵犯别人、贬抑别人，自然令人讨厌。能够为人设想、随和而有礼貌者，到处都能与人打成一片。

（3）（×）

解析：好好先生只是假象，其实是缺乏自信、压抑自己真实的情绪，久了总有情绪爆发的一天。每个人都有情绪，可以适度地表达。人人都有说“不”的权利，不必凡事讨好别人。

（4）（○）

解析：能主动走向别人，才有与人建立交情的机会（见面三分情）。人们共通的心理是喜欢那些喜欢他们的人，所以要别人喜欢，就要先喜欢他们。

（5）（○）

解析：这种人有爱心、热心、善解人意，跟他在一起会觉得温暖、愉快。赞美、鼓励是语言的钻石，是无价之宝。人们都喜欢和欣赏自己的人在一起，躲开好批评的人。

（6）（×）

解析：吃吃喝喝只是酒肉朋友，患难才能见真情。不要企图以金钱收买朋友，能被你收买的人，也会被别人收买而抛下你。

（7）（×）

解析：率直的人通常不掩饰自己的情绪，容易坚持己见而发脾气。与人交往时必须顾虑别人的感受，不能一味展现自己的个性。不能以“我就是这样”为借口，而不愿与人协调合作。

（8）（○）

解析：这是人生充满乐趣的必要条件，也是大家选择朋友的重要条件。幽默感不仅是会讲笑话，还包括宽宏大量、自我解嘲、能感受生活乐趣等。

（9）（×）

解析：“假口才”是自吹自擂、喋喋不休、独占发言机会、说话不算话。“真口才”是善于倾听，说得少但“时然后言”（该说才说），而且“言必信，行必果”。

（10）（○）

解析：人类共同的心理是欣赏有能力的人，因为人们通常认为自己也是有能力的人（相似性）。另一个相反的共通心理是因为自己做不到，所以希望能像有能力的人一样（互补性）。反之，对于进步太慢、不求上进的人，则会不喜欢而想躲开（怕受影响）。

第三章第1题

（1）改善计划：鼓励自己主动及尽快表达内心的感谢或其他意思，以免错失机会以致后悔，或使自己愈来愈退缩。

（2）改善计划：多注意自己的表情，尤其是情绪激动时；情绪控制也包括对人“不以为然”或厌烦的表情。

（3）改善计划：每日赞美别人（尤其对家人）五次，并把它记录下来。

（4）改善计划：鼓励自己与所谓“强硬派”人士多交谈几句，了解这类人只是与自己“不同”，可以试着沟通（先不要期望能说服对方）。

（5）改善计划：每日主动关怀别人（尤其对家人）五次，并把它记录下来。

（6）改善计划：多拨出时间（如用餐、散步、健行、看电影），与家人、朋友、同事等身边的人聊天、谈心。

（7）改善计划：将人际冲突或与人际不和谐视为正常现象，将改进彼此的关系当作重要的挑战与自我突破。

（8）改善计划：鼓励自己主动与人交谈，尤其是在会议或社交活动场合，主动去认识陌生人。

（9）改善计划：先写下拒绝别人的二十个理由，试着用不同的理由来练习应有的拒绝。

（10）改善计划：平时就要有足够纾解负面情绪的渠道（培养幽默感、亲近大自然、唱歌、听音乐等），避免怒气的累积或爆发。

第四章第2题

（1）“同理心”是一件不容易的事，太多人轻率地说“我了解”，其实根本未能“设身处地”。

（2）说比听容易多了，愿意聆听的人真的不多。

（3）刷手机代表我现在做的事比眼前的你重要，我没兴趣听你的事。

（4）人们很容易在对方意见与自己不同时感到生气，于是“强词夺理”，情绪愈来愈激动、声音愈来愈大。

（5）因宗教、政治、角色等立场不同，常容易对立、无法“换位思考”，自然愈来愈难以沟通。

（6）因为不用心聆听，不真正关心说话者的感受，自然抓不住对方真正要表达的意思。

（7）只在意自己的人，常喜欢打断别人说话；随意的批评与教训，使人更加痛苦与反感。

（8）将别人的私事在公共场合或对不相干的人随便说出，是非常不尊重甚至伤害别人的表现。

第五章第2题

（1）人们对于自己的认识，有时反而不太清楚，需要外在客观的意见，尤其是优点与能力的部分，更需要外在的赞美与肯定。

（2）在我国的传统文化里，父母、老师、领导并不常给子女、学生、下属鼓励。但也有些父母会因溺爱而给予孩子太多赞美，当孩子长大后得不到老师及领导的赞美，就会觉得非常挫败。

（3）乐观的人深信挫败是外在因素所造成，可以靠自己或内控的力量来改变。悲观的人就刚好相反。

（4）要经常练习“感觉优点”，愈能感受别人“好的行为”，才愈懂得赞美。对自己也是一样。

（5）鼓励着重在“潜能面”，而非只看表面与眼前。鼓励能使目前还做不到的事，在未来变成可见的事实。所以鼓励需要远见及胸襟。

第六章第2题

（1）面对“不应该的”批评若表达自己的委屈，可能招致更多的责骂，所以最佳应对方式是“忍受”。

（2）若批评者实在蛮横无理，可以较强烈地“自我辩护”，以免对方“得寸进尺”。

（3）听到批评时要先判断评语是真是假，以及是谁说出这句评语？他是否有资格批评？

（4）被批评时，身心容易起“防卫”反应，如心跳加快、面红耳赤、情绪激动。若不能冷静、放松，则无法听进任何批评。

（5）要了解批评者真正的意图，筛掉不必在意的部分。使彼此的关系从“对立者”转变为“合作者”，并主动、大方地询问对方应如何改进。

（6）既然要批评，就要避免较尖锐的措辞与态度。重点是为了帮助对方改进，而非造成对方心灵的伤害，甚至破坏彼此的关系。

第七章第2题

（1）许多冲突就是因为忍耐、拖延过久，才形成或扩大。所以忍耐并非最好的方法，只会助长消极与退缩的行为。不仅不能化解冲突，还会影响自信心与心理健康。

（2）人与人之间若从未冲突，的确可能因为彼此的关系愈来愈表面化；所以注入若干冲突，让彼此有交集，的确能使人际关系再度活跃起来。

（3）适当的情绪表达是“描述”自己的情绪，而不是批评或责备别人。但人性的弱点是容易“双重标准”，推卸自己的责任，将不愉快都怪罪于别人。

（4）负面情绪无法借着压制来消除，要承认它的存在之外，且有适当的渠道表达或排解，还要多培养正面情绪来取代负面情绪。

（5）人际冲突时不仅要管控自己的情绪，使自己冷静、理性，也要能安抚对方的情绪，使对方冷静、理性。只要有一方过于情绪化，就无法解决问题。

（6）幽默固然能够化解冲突，但不能强迫别人幽默，要别人不要介意或原谅自己。只能要求自己放宽心，多培养幽默感。